厚德博學
經濟匡時

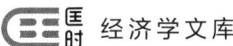经济学文库

随迁子女升学政策改革与影响评估

陈媛媛　邹月晴　宋　扬 著

Policy Reform and Impact Evaluation on
Educational Advancement for Migrant Children

上海财经大学出版社
上海学术·经济学出版中心

图书在版编目(CIP)数据

随迁子女升学政策改革与影响评估 / 陈媛媛, 邹月晴, 宋扬著. -- 上海：上海财经大学出版社, 2025. 4. (匡时). -- ISBN 978-7-5642-4623-5

Ⅰ.G52

中国国家版本馆 CIP 数据核字第 2025F5A217 号

国家自然科学基金面上项目:随迁子女升学政策改革的影响评估(项目号:72273081)

国家社会科学基金重大项目:人口和经济协调发展的逻辑、模式和规律研究(项目号:23&ZD183)

上海财经大学中央高校双一流引导专项资金、中央高校基本科研业务费资助

□ 责任编辑　顾丹凤
□ 封面设计　张克瑶

随迁子女升学政策改革与影响评估

陈媛媛　邹月晴　宋　扬　著

上海财经大学出版社出版发行
(上海市中山北一路 369 号　邮编 200083)
网　　址:http://www.sufep.com
电子邮箱:webmaster@sufep.com
全国新华书店经销
上海华业装潢印刷厂有限公司印刷装订
2025 年 4 月第 1 版　2025 年 4 月第 1 次印刷

710mm×1000mm　1/16　13.5 印张(插页:2)　187 千字
定价:68.00 元

目 录

绪论/001
  0.1 政策背景/001
  0.2 随迁子女升学政策改革的紧迫性/004
  0.3 内容概述/007

第1章 随迁子女异地中考政策/013
  1.1 随迁子女教育政策变迁/013
  1.2 随迁子女异地中考政策现状/023

第2章 异地中考政策对流动人口家庭影响的文献综述/048
  2.1 随迁子女入学和升学政策的度量及影响/048
  2.2 流动人口家庭流动的影响因素分析/052
  2.3 儿童留守与儿童发展的相关文献/056
  2.4 流动人口家庭消费的影响因素/062

第3章 异地中考门槛指数的计算/065
  3.1 引言/065
  3.2 样本城市选择/067
  3.3 数据来源/069
  3.4 指标体系构建/070
  3.5 指标权重计算/071
  3.6 指标计算方法说明/074

3.7　不同的指标测算方法/075

3.8　异地中考门槛指标描述性统计分析/078

第 4 章　异地中考政策对成人流动的影响/084

4.1　引言/084

4.2　异地中考门槛对流动人口流出所在城市意愿的影响/085

4.3　异地中考门槛对成人实际流动的影响/087

第 5 章　异地中考政策对儿童留守的影响/093

5.1　研究背景/093

5.2　理论模型/096

5.3　实证模型/102

5.4　实证结果与分析/107

5.5　对政策不同限制条件的影响分析/122

5.6　结论与政策建议/124

第 6 章　异地中考政策对儿童高中入学和人力资本积累的影响/127

6.1　引言/127

6.2　理论分析/130

6.3　研究设计/131

6.4　主要实证结果/136

6.5　异地中考限制对人力资本积累的影响/146

6.6　研究结论和建议/151

第 7 章　异地中考政策对流动人口家庭在流入城市消费的影响/153

7.1　引言/153

7.2　理论分析与研究假说/157

7.3　研究设计/159

7.4　主要实证结果/163

7.5 影响机制检验/172

7.6 异质性分析/176

7.7 结论与政策启示/179

第 8 章 随迁子女异地中考改革的建议/182

8.1 异地中考改革的重要意义/182

8.2 异地中考改革的主要问题/186

8.3 异地中考改革的难点分析/187

8.4 异地中考改革的建议/189

参考文献/191

绪　论

0.1　政策背景

改革开放以来,大量的农村剩余劳动力向城市转移,成就了我国经济的持续高速发展,大规模的人口流动被视为"延续中国奇迹"的关键(都阳等,2014)。2020 年第七次人口普查数据显示,我国跨市流动人口总量达3.76 亿,占总人口比例的 26.7%,大量城市流动人口比例稳定超过10%,东莞、深圳等城市甚至达到 70%以上。庞大的流动人口群体对我国现有的户籍制度及其相适应的劳动就业制度、社会保障制度、教育制度等提出了巨大挑战,流动人口在流入地城市医疗、子女教育、就业机会和社会保障等方面的权利受到了不同程度的限制,不利于充分发挥劳动力要素在空间上的有效配置(蔡昉等,2001;王美艳,2005;Liang & Chen,2007;Chan & Buckingham,2008;杨晓军,2017)。同时,作为参与城镇化的重要主体,关于流动人口研究的重要性逐渐显现。

随着大规模人口流动的涌现,受此现象波及的儿童群体数量亦极为庞大。根据国家统计局第七次全国人口普查数据《2020 年中国人口普查年鉴》,国家统计局、联合国儿童基金会、联合国人口基金联合发布的《2020 年中国儿童人口状况:事实与数据》估算,2020 年,中国流动人口子女规模约为 1.38 亿,只有约 1/3 的儿童与家庭一起流动,与双方父母共同居住的流动儿童规模 4 393 万人,与父母一方居住的流动儿童 931 万人,父母均不在家的流动儿童 1 784 万人,与父母一方居住的留守儿童3 983 万人,父母均不在家的留守儿童 2 710 万人。流动人口子女是否可以随迁,成为中国社会转型期一个独特的教育公平问题。为妥善解决这一问题,中国政府积极响应,展开了一系列政策探索和实践,以期为这些随迁子女提供平等而优质的教育机会。20世纪末,政府通过收取借读费的方式为随迁子女就地上学提供可能。进入21世纪,国家进一步强调流入地政府的职责,安排一部分城市教育费附加用于解决随迁子女接受义务教育,并通过中央发放奖励金的方式,激励地方政府积极解决随迁子女的教育问题。

自2001年中央政府颁布流动儿童义务教育阶段"两为主"指令以来,流动儿童在城市的义务教育入学问题有了显著的改善。根据教育部统计数据,截至2020年全国进城务工人员随迁子女达1 429.7万人,在公办学校就读或享受政府购买学位服务的比例达85.8%。同时,随着劳动力市场对于技能要求的不断提高,流动人口对子女教育的重视程度逐渐上升,流动人口子女在流入地城市升学的问题日益突出。

2010年《国家中长期教育改革和发展规划纲要(2010—2020年)》发布,国家初次明确提出要着力解决进城务工人员随迁子女接受义务教育后参加升学考试的问题。2012年8月,国务院办公厅转发教育部、国家发展和改革委员会、公安部、人力资源和社会保障部等部门联合发布的《关于做好进城务工人员随迁子女接受义务教育后在当地参加升学考试工作的意见》(后文简称《意见》)的通知,对随迁子女参加义务教育后的高中阶段教育做出更加明确的规定。《意见》的出台无疑是我国随迁子女教育制度的一个重大突破,这是首个专门针对随迁子女升学考试工作进行强调和规定的官方文件,标志着对这一特殊群体在当地参加中考和高考教育问题的正式和系统性回应。

《意见》具体要求各省、自治区、直辖市人民政府要根据城市功能定位、产业结构布局和城市资源承载能力,根据进城务工人员在当地的合法稳定职业、合法稳定住所(含租赁)和按照国家规定参加社会保险年限,以及随迁子女在当地连续就学年限等情况,确定随迁子女在当地参加升学考试的具体条件,制定具体办法。各省、自治区、直辖市有关随迁子女升学考试的方案原则上应于2012年年底前出台。在此政策指引下,各地区陆续制定和实施了一系列具体措施。2013年,过半数的省份开始实施流动人口随迁子女在当地参加中高考的政策方案,截至2018年,除西藏外,全国各省、自治区、直辖市均出台了随迁子女参加异地中高考的相关政策文件(吴霓,2018)。

异地中高考政策的目的是着眼于流动人口随迁子女升学需求,调整相应准入条件,使更多的流动人口子女能够享有平等的受教育权利。门槛的制定很大程度上与城市现有的教育资源配置和人口流入压力有关,即使在相同省份内部,不同城市之间的异地升学政策仍存在很大差异。同时,通过对同一个城市的异地中考、高考报名政策的梳理与分析,我们可以发现,异地高考政策对随迁子女除要求其拥有本地三年高中学籍外,一般没有额外的条件设置,对于考生家长的条件要求基本与异地中考政策的难度持平,最多要求其父母继续在本地务工居住三年。因此对于异地高考的限制,大多落在对异地中考的限制上,是否能在流入地参加中考成为更前置的问题(吴霓,2018)。

各城市在异地中考政策设计时,并未完全正视流动人口子女群体的客观存在与变动趋势,往往存在准入条件设定过高的情况,与流动人口的实际诉求仍有较大差距(吴霓和朱富言,2014;张珊珊,2015)。其中,家长居住证和子女学籍是最基本的条件,还有相当一部分城市规定,家长需有稳定就业、稳定住房和社保缴纳证明,但仅连续缴纳多年社保一条要求就堵住了一大批随迁子女的异地中考路。根据2021年《中国教育统计年鉴》数据,2021年全国初中毕业生升入普通高中的比例为57.02%,而初中毕业生随迁子女升入普通高中的比例仅为41.15%,远低于全国平均水平。因此,以户籍制度为基础的公共教育政策会造成流动人口与其他群体之间教育机会、教育质量、教育成就等显性与隐性的差距。受制于有限的教育资源承载能力,城市也难以在短时间内降低异地中考门槛以满足流动人口的权益。

外来流动人口被大城市优质的就业岗位和美好的发展前景所吸引来此打工,他们作为城市建设的主力军,其子女不应该受到教育歧视。设置过高的异地中考门槛未能彰显流入地政府为流动人口提供公共服务的担当，不仅显性造成公民之间的权利差异对待，还制约了内需，造成社会矛盾，影响国家长期经济增长。更重要的是，不合理的异地中考门槛使随迁子女失去在当地接受高中教育机会，产生了大量的留守儿童。由于家庭结构的拆分和亲情的缺失，留守儿童群体的社会行为、学业成绩、心理健康均受到了很大的负面影响，人力资本质量普遍较低。从长远利益看，儿童教育状况的好坏直接影响未来社会人口的整体素质，抓好这一庞大群体的教育问题，不仅是全面提升中华民族素质的关键保障，还将带来显著的短期效果和深远的长期影响。

0.2 随迁子女升学政策改革的紧迫性

2024年7月国务院印发《深入实施以人为本的新型城镇化战略五年行动计划》，强调坚持以人为本，并指出把推进农业转移人口市民化作为新型城镇化首要任务，其中重点提出保障随迁子女在流入地的受教育权利。具体而言，以公办学校为主将随迁子女纳入流入地义务教育保障范围，加大公办学校学位供给力度，持续提高随迁子女在公办学校就读比例。加快将随迁子女纳入流入地中等职业教育、普惠性学前教育保障范围。优化区域教育资源配置，建立同人口变化相协调的基本公共教育服务供给机制。依据常住人口规模变化动态调整、统筹优化各地教师等人员力量。

从流动人口的教育需求和我国人口高质量发展的角度，随迁子女升学政策改革的推动不能仅仅停留在中等职业教育的层面，而应该逐步放开在普通高中升学的机会。

从教育公平的角度来看，流动人口子女教育仍面临诸多现实困局，例如教育起点公平度低，扶贫招生覆盖面小，异地中高考政策门槛高且具有流入地本位倾向等(卢伟和褚宏启，2017)，而初中升入高中教育阶段的机会不平等是教育分层的关键所在(李春玲，2014)。在中国，自古有"再穷不能穷教育，再苦不能苦孩子"的说法。尤其是新世纪后，很多家庭都以孩子为中心，对子女教育和人力资本积累高度重视，子女受教育机会的冲击不仅对子女的教育选择产生一定影响，进而影响自身发展，也会"牵一发而动全身"，对整个家庭的子女教育行为、劳动供给决策、流动决策、消费储蓄行为、生活满意度、社会融入度等各个方面产生间接的影响（杨汝岱和陈斌开，2009）。

异地中考改革不仅是一项重要的教育政策，也对社会主义市场经济的协调健康有序发展起到了关键的推动作用。一方面，该改革通过降低子女教育资源获取的障碍，促进了劳动力的自由流动和合理分布，从而提高了劳动力的资源配置效率，支持了市场经济的高效运作。另一方面，改革为农业转移人口提供了更公平的教育机会，解除了他们的教育顾虑，进而释放了消费潜力，特别是在文化娱乐、教育等领域的消费需求增长，有助于拉动内需和促进经济增长。异地中考改革可谓是促进教育公平与经济发展双赢的关键策略。

异地中考改革作为解决流动人口随迁子女就地接受高中教育问题的一种尝试，是高速城市化进程中推进经济与社会和谐发展的重要一步，但同时也带来了很多涉及效率与公平的问题。教育公平是当今教育公共政策制定的核心价值。2018年全国教育大会上，习近平总书记强调"把教育公平作为国家基本教育决策，以教育公平促进社会公平正义"；2024年全国教育大会上习近平总书记再次指出，要"不断提升教育公共服务的普惠性、可及性和便捷性，让教育改革发展成果更多更公平惠及全体人民"。公平且有质量的教育是高效促进共同富裕的重要抓手，它既是"让每个孩子都有人生出彩机会"的制度基础，也是协同推动国家人力资本提升与中等收入群体提质的重要保障。

过去二十年，尽管政府出台大量相关政策，流动儿童教育问题依然面临严峻的挑战，如果这一亿多的流动人口子女不能接受良好的教育，中国社会将付出高昂的代价。尽管很多学者已经注意到随迁子女升学政策现存的问题，但没有构建精确的指标体系对各地政策限制条件进行难易度的衡量，从而进行有效的实证分析，给出可操作性强的政策建议。

从长远利益看,儿童教育状况的好坏关系到未来我国劳动力素质水平。在此背景下,异地中考改革显得尤为重要,因为它为儿童跟随父母在不同城市流动提供了便利,有效减少了留守儿童的数量。留守儿童由于缺乏父母的直接监护和教育指导,往往面临更多的学习和心理发展挑战。大量研究证实儿童留守会使父母与子女之间情感纽带松弛,对儿童的人力资本的积累、身心健康和安全等方面都产生了负面影响,甚至引发犯罪、赌博等不良行为(胡枫和李善同,2009;谭深,2011;Zhang et al.,2014;Zhao et al.,2014;孙文凯和王乙杰,2016)。异地中考改革通过允许儿童在非户籍所在地接受教育,确保他们能够得到家庭的全面支持和更好的教育资源,从而为他们的全面发展创造了有利条件。这将直接提升未来劳动力的整体素质,为我国的长期经济发展奠定坚实的人力资源基础。

此外,异地中考改革在应对人口老龄化和经济可持续发展方面也具有积极意义。随着人口结构的变化,我国正面临劳动力市场供需矛盾加剧和经济增长动力不足的双重挑战。通过提高教育质量和公平性,该改革有助于培养更多高素质人才,不仅可以缓解因人口老龄化带来的劳动力市场压力,还可以通过创新和技术进步推动经济转型升级,实现经济的高质量发展。长远来看,这将为我国经济的持续健康发展和社会的全面进步提供坚实的支撑。因此,异地中考改革不仅关乎学生的个人发展,是实现高质量发展、保障社会的公正与和谐、解决我国人口老龄化问题和经济可持续发展的关键。

本书希望通过构建随迁子女升学政策指标体系衡量各城市的政策改革进度,并结合严谨的实证研究,分析随迁子女教育政策给家庭、社会、国家经济带来的影响,为解决我国流动儿童受教育问题和更好地实现教育公平提供了政策路径,对扎实推进共同富裕具有重要的政策意义。从长远利益看,儿童教育状况的好坏直接关系到未来社会人口质量的高低,抓好流动人口子女这一庞大群体的教育问题,是全方位提高中华民族素质的根本保证(Heckman,2006;Marois et al.,2021)。

0.3 内容概述

0.3.1 研究内容

本书聚焦于随迁子女异地中考政策,旨在分析异地中考政策的区域分布和时间变动趋势,以及研究异地中考政策对成人流动、子女留守、子女高中入学和家庭消费等流动人口家庭各方面的影响。具体研究内容如下:

第一,本书梳理全国 72 个城区人口 100 万以上城市的 2013—2018 年异地中考政策文件,构建出统一量化的、可跨地区跨时间对比的异地中考门槛层次结构模型,采用层次分析法计算出 72 个城区人口在 100 万以上城市的 2013—2018 年异地中考门槛指数。区域分布和时间分布的描述性结果显示,异地中考门槛与保护本地儿童升学权利有关,人口数量大、经济发达城市的异地中考门槛更高。从区域分布上看,超大城市、特大城市的异地中考门槛比其他城市更高;从时间趋势上看,2013—2016 年三年过渡期中,异地中考门槛逐渐提高,2016 年后,超大和特大城市的异地中考门槛维持高位甚至略有增加,其他城市的政策限制略有放松。可见,异地中考改革任重而道远。

第二,本书检验了异地中考门槛对成人流动的影响。首先使用流动人口动态监测调查(CMDS)2013—2017 年数据,研究了异地中考门槛对流动人口流出所在城市意愿的影响;其次使用 2015 年 1% 人口抽样调查数据,检验了异地中考门槛对流动人口实际迁出所在城市、个体选择流入城市和居住在户籍地的个体选择是否外出这三种成人实际迁移决策的影响。研究发现,随子女年级上升,成年流动人口的流动决策受异地中考门槛的影响没有显著变化。这一方面可能因为,成年流动人口的迁移主要与流入地城市的收入水平和就业机会有关,城市的公共服务水平并不是吸引他们进入城市的主要动因;另一方面,随着子女年龄增长,其独立性更强,对父母依赖程度下降,就读寄宿制学校的选择也有所增加,并且随着子女年龄增加,家庭经济压力增加,父母更容易为了高收入,而不得不继续待在大城市务工。这一结果可以说明,异地中考门槛对流动人口家庭儿童留守、高中入学以及家庭消费的影响,并不是由于成人流动导致的样本自选择偏误造成的。最后,需要指出的是,本文的实证结果并不表明异地中考门槛对成人流动完全没有影响,如果成人早在孩子义务教育阶段之前就做出流动决策,本书的模型就无法识别。

第三,本书使用计算的异地中考门槛和 CMDS 2014—2017 年数据,分析异地中考门槛对义务教育阶段流动人口子女留守的影响。结果显示,异地中考门槛越高的城市,流动人口子女年龄越接近中考时,留守的概率越高。如果不考虑政策调整的一般均衡效应,以 2016 年的异地中考门槛指标测算,若超大城市将门槛降到其他城市的水平,超大城市流动人口子女小升初阶段的留守概率将下降 3.78%,占其小升初阶段儿童留守比例总体增加幅度的 32.73%;若超大城市完全放开异地中考限制,则小升初阶段儿童留守比例增加幅度将下降 60.47%。同时,异地中考政策具有技能偏向的特征,对受教育程度较低、收入水平较低的家庭影响更大。最后,我们对异地中考的限制条件进行拆解,重点分析了报名的身份限制和报考学校限制的影响,结果显示,身份条件限制与普高报名限制均会显著增加儿童留守的概率,但若面临不能报考重点高中或随迁子女报考分数与本地生要求不同等其他报考学校限制,家长还是会让子女继续留在身边。

第四,本书从公共教育政策限制、入学机会与儿童人力资本积累三个维度结合计算的异地中考门槛和 2017 年流动人口动态监测调查数据,实证评估了异地中考门槛对流动人口子女高中阶段入学的影响。结果发现,无论子女随迁还是留守,父母流入城市的异地中考门槛越高,其高中入学率均越低,在使用 Oster 的无工具变量推断法进行内生性检验后,结果依旧稳健。如果不考虑政策调整的一般均衡效应,若于 2015 年在全国范围内取消异地中考限制,流动人口子女高中入学率将会提升 4.79%,能够增加 16.87 万流动人口子女进入高中学习。异地中考门槛的负面影响在父母受教育程度和收入水平更低、农村户口家庭中更为明显。同时,本文使用中国教育追踪调查数据进行机制检验发现,异地中考门槛使流动人口子女的人力资本积累受到了阻碍。异地中考限制程度越严格,流动人口子女的认知能力和非认知能力越差,家长对子女的教育期望和对子女教育的经济投入与时间投入越低。

第五,本书使用各城市的异地中考门槛指数和 CMDS 2014—2017 数据,就异地中考政策对流动人口家庭在流入城市消费的影响进行实证检验。结果表明,对于城区人口 100 万以上的城市,随子女年龄增长,异地中考政策越严格的城市,流动人口家庭在流入城市的消费水平越低,该结果在排除落户政策、义务教育入学政策、异地高考政策、子女年龄效应和城市层面其他因素后,仍保持稳健。异质性分析显示这一抑制作用对于中等学历、城镇户口和男孩家庭更大。为进一步探讨异地中考政策对流动人口家庭消费的影响机制,本章结合跨期平滑消费、预防性储蓄动机等家庭消费的决策理论发现:一是当子女升学受阻时,家长对子女的教育期望可能存在不同程度的降低,这时家长预期到子女永久性收入减少,未来的不确定性增加,预防性储蓄动机增加导致家庭消费水平降低;二是部分家长可能会预期到子女未来无法参加中考,让其提前返乡读书成为留守儿童。家庭成员的离开导致家庭在流入城市消费减少是必然的,同时,为补偿无法陪伴子女的心理,也会促使家长汇回比子女在自己身边所需更多的钱款,从而压缩自己在流入城市的消费。

0.3.2 随迁子女升学政策研究的重要性

第一,现阶段对随迁子女教育政策的实证研究主要围绕义务教育入学政策(胡霞和丁浩,2016;李超等,2018;吴贾和张俊森,2020;朱琳等,2020;李尧,2022),关于异地中考政策影响的实证研究大部分只对政策做简单的分类区分(王毅杰和黄是知,2019;陈宣霖,2021;贾婧等,2021)。相比于义务教育入学政策,异地中考政策直接影响本地的高考招生竞争程度,改革进程缓慢,且异地中考限制条件更严格,受影响的流动人口家庭范围更大。将视角聚焦于异地中考政策,全面地分析了异地中考政策对成人流动、儿童留守、儿童高中入学、人力资本积累、流动人口家庭消费的影响，促使政策制定者更为全面地审视异地中考政策对流动人口家庭的可能影响，为有效检验异地中考政策的实施效果和完善政策方案提供了更加科学的支撑。

第二，本研究通过政策文件的梳理，建立了统一量化的、可跨地区跨时间对比的异地中考门槛指标体系，并对现有门槛指数的计算方法做进一步完善。目前关于异地中考政策的文献多是通过政策梳理对门槛进行分类（杜永红和陈碧梅，2012），或者仅从是否可以报考普通高中、重点高中等做难度划分（王毅杰和黄是知，2019；陈宣霖，2021），无法精确地量化异地中考门槛在城市之间的差异。李红娟和宁颖丹（2020）构建了较细化的60个城市异地中考政策评价指标体系，但并未对不同年份的政策做区分。本研究使用层次分析法计算指标权重，并结合CMDS数据计算不同类别材料的获得难度差异，最大限度保证赋权的客观性与准确性；同时，将材料准入制和积分制纳入同一指标体系，改善了文献中这两种制度难以在同一指标体系中融合比较的问题（朱琳等，2020）；并采用多种指数构建方法进行稳健性检验。这不仅为科学评估异地中考政策提供了依据，还以新思路为政策门槛指数构建提供了较好借鉴。

第三，本研究系统描绘了我国现阶段各城市异地中考改革推进的基本态势、区域差异与演变进程，提炼了影响异地中考政策制定的相关因素，对地方政府降低异地中考门槛的驱动机制有更清晰的理解，为不同类型城市推进异地中考改革提供了有针对性、差异化的科学参考依据。同时，本研究进一步将异地中考政策中的身份条件限制和报考学校限制进行拆分，具体探析不同限制条件对流动人口子女留守决策的作用机制，有利于厘清政策具体条款影响的一般规律，为深化随迁子女异地中考政策改革提供具体的参考依据。

第四，本研究首次从随迁子女升学政策的角度探究影响儿童留守的制度因素。魏东霞和谌新民（2018）发现城市落户门槛通过影响教育资源可得性，提高了流动人口子女留守的概率；吴贾和张俊森（2020）证实了义务教育入学限制是学龄前儿童留守的重要影响因素。然而，落户门槛与义务教育入学限制都无法解释流动人口子女初中留守概率高于小学的现象。本研究以异地中考为切入点,在探究影响儿童留守制度因素的同时,从政策的角度探讨教育不平等的影响机制,对于探讨移民政策与人力资本积累不平等的文献有重要的补充作用(Sieg et al.,2023),对维护教育公平、阻断贫困的代际传递、扎实推进共同富裕具有重要的政策意义。

第五,已有大批学者针对中国宏观教育政策效果以及政策波及群体的微观福利进行研究,但多数集中在面对所有适龄儿童的义务教育政策、撤点并校、高等教育扩招等,异地中考政策作为解决进城务工人员随迁子女在流入地升学问题的针对性举措,研究现有政策下的流动人口子女实际高中入学情况十分必要。本研究直击随迁子女教育升学政策改革的焦点,具体分析了异地中考政策对流动人口子女高中入学的影响,全面考虑其对儿童自身人力资本发展及其家长教育参与的影响,弥补了流动人口子女升学政策研究的缺失。同时,相较于既有文献仅聚焦于随迁子女(吕慈仙,2018;陈宣霖,2021),本研究同时关注了留守儿童,更为全面地审视随迁子女教育政策的可能影响。

第六,关于流动人口消费影响因素的研究多落脚于人口学特征、家庭特征、流动模式、人力资本等因素(Rosenzweig et al.,1989;Galor & Stark,1990;Carroll et al.,1999;Cheng,2021),从制度层面分析的研究也多集中在医疗、养老、就业制度等(钱文荣和李宝值,2013;卢海阳,2014;张勋等,2014;汪润泉和赵彤,2018)。本研究从随迁子女升学政策出发,为识别影响流动人口家庭消费的制度性障碍提供进一步的证据,对在当前复杂经济形势下畅通经济循环,以体制机制为抓手激发城镇化的内需潜力,更好响应国家提出的"提振居民消费能力"的政策关切具有重要意义。

0.3.3 政策建议

异地中考政策的改革与我国教育资源配置体制、户籍制度以及高考制度等密切相关。目前,在不具备全面支持条件的情况下,一步到位开放异地中考并不现实。要解决流动人口子女的升学问题,应寻求制度的突

破,在不断发展的基础上做好教育的公平正义。具体政策建议如下:

第一,通过不同类型城市异地中考政策的梳理,我们发现异地中考门槛与城市的人口数量和经济发展情况极为相关。这一门槛被各城市用作保护本地儿童升学权利和保证教育资源有序分配的"调控"工具。因此,在未能改善教育资源供给的情况下,完全放开异地中考并不现实,我国应该健全以学籍数或城市常住人口数为基础的升学考试制度与录取制度。各城市应该厘清流动人口子女的规模和相应学位需求等信息,将随迁子女纳入教育规划,立足于自身条件,因地制宜设定适合自己城市的异地中考门槛。面临巨大人口流入压力的发达城市可以暂且设置一定的准入门槛,在扩大高中学位供给的基础上,逐渐降低限制条件;其他城市则应尽快破除随迁子女升学障碍,加快异地中考改革,实现公共服务均等化,让流动人口子女享有平等接受教育的权利。

第二,调整以城市户籍人口为限定条件的教育财政转移支付制度,建立以常住人口为基数的动态调整机制,实现教育公共服务的均等化。中央政府应为流入地城市解决流动人口子女的教育提供一定的财政支持,根据城市综合承载能力与教育公共服务供给能力建立差异化的管理政策,统筹安排中央财政的转移支付,加大中央财政转移支付力度,保证流入地政府在高中教育中的经费需求,增加公办学校学位,提高随迁子女就地升学的比例。

第三,异地中考作为异地高考的前置政策,两者具有高度的协同性。在调整异地中考政策的同时,也应加快异地高考制度的改革,最大限度发挥政策组合的整体效果效应。协调教育资源在地区间的配置,加快高考招生制度的改革,打破各省之间高考招录的差异,推动全国教材的统一使用,并确保各省之间的考试成绩互相认可,保证不同地区高考录取的公平性。延长义务教育年限至高中,在未能全面推进异地中高考改革时,延迟儿童留守的年龄。

第1章 随迁子女异地中考政策

1.1 随迁子女教育政策变迁

改革开放以来,中国的经济社会发展状况经历了翻天覆地的变化。随着城乡之间经济差异的扩大和就业机会的转移,大量农村劳动力涌向城市,形成了前所未有的人口流动现象。这一过程中,一个重要的社会问题随之浮现——进城务工人员的孩子面临着户籍制度的限制,难以在城市享受与本地孩子相同的教育资源,流动人口随迁子女如何接受教育的问题成为社会关注的焦点。

为妥善解决这一问题,中国政府积极响应,展开了一系列政策探索和实践,以期为这些随迁子女提供平等而优质的教育机会。20世纪末,政府通过收取借读费的方式为随迁子女就地上学提供可能。进入21世纪,国家进一步强调流入地政府的职责,安排一部分城市教育费附加用于解决随迁子女接受义务教育,并通过中央发放奖励金的方式,激励地方政府积极解决随迁子女的教育问题。2010年后,随着随迁子女异地升学问题的日益凸显,随迁子女异地升学政策逐渐颁布,政府正式将农民工随迁子女义务教育纳入各级政府教育发展规划和财政保障范畴,试图解决随迁子女就学难题。这些政策的调整和完善,旨在确保所有儿童不论户籍,都能享受平等的教育机会,体现了教育公平的基本原则。梳理和理解不同时期的随迁子女教育政策,不仅有助于我们认识政策调整的脉络和特点,更为进一步推动教育公平和社会和谐奠定了坚实的基础,具有深远的现实意义和价值。

1.1.1 改革开放后

1986年,我国颁布《中华人民共和国义务教育法》,标志着中国基础教育进入一个新的发展阶段。然而,在该法律制定之前,中国并未经历过由非自然灾害引发的、非强制性质的大规模人口流动,因此,《中华人民共和国义务教育法》在起草时并没有将流动人口及其随迁子女的教育需求纳入考虑范围,导致针对这一群体的教育政策几乎处于空白。

伴随着改革开放的推进,农民工不断涌入城市,为国家和城市的发展做出了巨大贡献。然而,在城乡二元结构和户籍制度的双重束缚下,那些没有获得本地户籍的人在住房、就业以及其子女的教育等多个领域面临不平等的待遇。特别是在子女教育方面,流动人口子女往往被排除在正规学校的入学政策之外,流动人口子女的教育问题日益严峻。

1.1.2 20世纪90年代

为了有效应对进城务工人员随迁子女面临的入学难题,中央政府在政策制定和管理策略上展开了积极的探索与实践。

1992年颁布的《义务教育法实施细则》首次为离开户籍所在地的学龄儿童或少年提供了借读的可能性,要求他们可向现居住地政府提交申请,尽管在此期间,随迁子女需为在流入地接受教育支付借读费用。

1995年,原国家教委将研究解决流动人口子女教育问题列入当年的议事日程。原国家教委基础教育司义务教育处、北京市教育科学研究所也开始调查研究流动人口子女入学问题。同年,原国家教委在北京市丰台区等全国六个区域进行了试点项目,并于1996年发布了《城镇流动人口中适龄儿童少年就学办法(试行)》(后文简称《就学办法》),指出城镇流动人口中适龄儿童、少年入学由其父母或其他监护人持流入地暂住证向流入地住所附近中小学提出申请,经学校同意后即可入学。这是中央第一个专门的流动儿童教育政策,明确了流动儿童的定义以及流动儿童的入学程序。

在《就学办法》的指导下,政府在北京、上海等地组织并指导了相关的试点工作,逐步将这一社会问题转变为政府干预的领域。到1998年,原国家教委、公安部联合颁发了《流动儿童少年就学暂行办法》(后文简称《暂行办法》),其中明确指出流入地的教育行政部门应承担流动儿童少年接受义务教育的管理责任,同时强调流动儿童少年应以借读的形式在公办中小学接受教育,但也可以选择民办学校等其他形式的教育机构。《暂行办法》还规定了借读费和赞助费的收取标准,这成为流动人口子女接受义务教育过程中需要承担的额外费用。

相较于之前对流动人口子女教育的无政策无作为,20世纪90年代的《就学办法》以及《暂行办法》等政策的出台标志着一种新的政策导向的开端,形成了"两为主"的政策雏形。这些政策的制定和实施,彰显了政府在解决流动人口中适龄儿童教育问题上的积极努力。它们不仅是政府对于教育公平的关注,更是对于流动人口群体基本权利的尊重和保障。这一举措为流动人口子女提供了更多融入城市教育体系的机会,有助于他们更好地获得教育资源,实现个人发展,并且对整个社会的稳定和可持续发展起到了积极的促进作用。

1.1.3　21世纪初

2001年,国务院发布《关于基础教育改革与发展的决定》,首次提出流入地政府在解决流动人口子女接受教育问题上的责任,并明确提出流动人口子女接受教育问题的"两为主"政策,即"以流入地区政府管理为主,以全日制公办中小学为主"。这是国务院首次提出流入地政府在解决流动人口子女接受教育问题上的责任,"两为主"政策的形成对我国流动人口子女教育的影响不容忽视。

2002年,教育部召开题为《以"三个代表"重要思想为指导,坚持"两个为主"做好进城务工就业农民工子女接受义务教育工作》的会议,进一步强调了流入地政府在此事务中的关键角色,并将一部分城市教育费附加用于解决流动人口子女接受义务教育的问题。

2003年1月,国务院办公厅进一步出台《关于做好农民进城务工就业管理和服务工作的通知》,要求流入地政府采用多种方式确保随迁子女能够平等地进入当地全日制公立中小学,并在学费等方面与当地学生享受同等待遇,对于经济困难学生应适当减免费用。同年9月,国务院办公厅转发了教育部等六部委《关于进一步做好进城务工就业农民工子女义务教育工作的意见》(后文简称《意见》)。该意见不仅重申了"两为主"政策,还强调了建立和完善保障流动人口子女接受义务教育的工作制度和机制的必要性,以改善农民工子女的教育环境,并使其接受义务教育的程度达到当地标准。同时,《意见》明确要求流入地政府确保收费标准与当地学生持平,禁止流出地政府在处理转学手续时向学生收取任何费用,并特别指出,对于返回原籍就学的农民工子女,当地教育行政部门应指导学校及时办理入学手续,严禁收取任何费用。此外《意见》首次将占流动儿童少年的绝大多数、处于弱势地位的随迁子女从"流动儿童少年"群体中单独提出,突出强调直接将"两为主"政策的焦点对准随迁子女。

2005年,中共中央、国务院发布《关于推进社会主义新农村建设的若干意见》,再次强调认真解决务工农民的子女上学问题。同年,国务院下发了《关于深化农村义务教育经费保障机制改革的通知》,逐步将农村义务教育全面纳入公共财政的保障体系,建立中央和地方分项目、按比例分担的农村义务教育经费保障范围,建立中央和地方分项目、按比例分担的农村义务教育经费保障新机制。

2006年,国务院颁发了《关于解决农民工问题的若干意见》。该文件对先前提出的"两为主"政策进行了进一步的精细化解读。其中包括将随迁子女的义务教育纳入当地的教育发展规划,并将其教育经费纳入预算,确保根据实际在校学生人数拨付所需公共经费。此外,文件还指出城市的公立学校在收费和管理随迁子女的义务教育时,应当与本地学生享受同等待遇,严禁额外收取借读费或其他任何费用,从而保障农民工子女平等接受义务教育的权利。

值得关注的是,2006年6月29日,全国人大常委会第二十二次会议通过了新修订的《中华人民共和国义务教育法》,将解决随迁子女平等接受义务教育的问题推升到新的阶段。其中明确规定了保障随迁子女在流入地接受教育的条款,将解决随迁子女平等接受义务教育的问题提升至法律层面,随迁子女平等接受义务教育自此成为一个有法律保障和指导的政府行为。这一修订是中国历史上首次将流动人口随迁子女享受平等义务教育的权利纳入法律保障范围。不过,该法律也指出具体实施细则由省、自治区、直辖市制定,这暗示了各级政府间职责分配的不明确,例如在教育经费和财政拨款方面的具体规定尚未明确。

2008年,为贯彻《中华人民共和国义务教育法》,促进教育公平,《国务院关于做好免除城市义务教育阶段学生学杂费的通知》提出地方各级人民政府要将进城务工人员随迁子女义务教育纳入公共教育体系,根据进城务工人员随迁子女流入的数量、分布和变化趋势等情况,合理规划学校布局和发展,并强调以中央财政对解决好随迁子女义务教育的省份给予适当奖励的方式,鼓励各地方政府积极解决随迁子女入学问题。

综上可见,进入21世纪后,中央政府在对待随迁子女教育问题上的认识与策略不断深化,彰显了其对教育公平的坚定承诺与高度责任感。通过一系列政策和法律框架的实施,中央政府不仅为随迁子女创造了平等接受教育的机会,而且为地方政府制定和执行相关政策提供了明确且具体的指导。

1.1.4　2010年后

随着政策的不断完善和实施,针对随迁子女教育公平的问题已经取得了显著改善,特别是在确保这一群体义务教育入学方面取得了重要进展。然而,鉴于我国教育资源尤其是高等教育资源的有限性,以及在城市化进程中大量农民工及其随迁子女对教育资源日益增长的需求,大城市的教育资源短缺与农民工随迁子女的教育需求之间的矛盾日益加剧。

为缓解形势愈发严峻的异地中考问题,并进一步推进移民家庭子女高中阶段教育的普及,2010年《国家中长期教育改革和发展规划纲要(2010—2020)》提出要"研究制定进城务工人员随迁子女义务教育后在当地参加升学考试的办法",此后,部分地区开始尝试解决随迁子女的异地中考问题。

2012年8月,国务院办公厅转发教育部等部门发布《关于做好进城务工人员随迁子女接受义务教育后在当地参加升学考试工作的意见》(下文简称《意见》),进一步推动各地制定非本地户籍常住人口在流入地接受高中阶段教育的具体办法,要求各地制定非本地户籍常住人口在流入地接受高中阶段教育的具体办法,规定随迁子女异地中考的"门槛",于2012年年底前出台详细的异地中考方案,以此保障全国各地流动人口随迁子女公平的受教育权利和升学机会。《意见》出台后,除西藏外,全国各省市均陆续出台了随迁子女异地中考政策文件且实施至今。《意见》的出台是我国异地中考改革的重要转折点,也是《国家新型城镇化规划(2014—2020年)》顺利提出"将农民工随迁子女义务教育纳入各级政府教育发展规划和财政保障范畴"(简称"两纳入"政策)的主要前提。

在2014年颁布的《国家新型城镇化规划(2014—2020年)》中,提出了"两纳入"政策,即确保农民工随迁子女的义务教育纳入各级政府的教育发展规划及财政保障体系。该政策从教育的基础阶段起就强调了为随迁子女提供平等接受义务教育的权利,确保他们在接受教育的起点上能享有公平的待遇。

2015年,相关政策进一步得到加强,根据《国务院关于进一步做好为农民工服务工作的意见》,要求把常住人口纳入区域教育发展规划,并将随迁子女的教育问题列入财政保障的范畴。该意见特别指出,"输入地政府需将符合条件的农民工随迁子女的教育问题列入教育发展规划"。从"流入地"到"输入地"表述的变化虽只一字之差,却体现了政府对随迁子女身份及其自身责任认识的转变。同年颁布的《国务院关于进一步完善城乡义务教育经费保障机制的通知》中规定,自2016年起,我国取消对城市义务教育学杂费的免除以及针对进城务工人员随迁子女接受义务教育的中央奖补政策,并要求统一城乡义务教育的"两免一补"政策及学校生均公用经费基准定额,即"两统一"。这一措施旨在确保教育资金能够随着学生的流动调配,实现"资金随人走"的目标,促进教育资源的公平分配。

2016年,国务院发布《关于统筹推进县域内城乡义务教育一体化改革发展的若干意见》,明确了对随迁子女就学机制的改革要求,加强了流入地政府的责任,坚持以流入地政府管理和公办学校为主的"两为主、两纳入"政策,并建立了以居住证为主要凭证的随迁子女入学政策,法律上保障了随迁子女平等接受义务教育的权利。该意见还强调了简化随迁子女入学流程和证明要求,提供便民服务,确保随迁子女能够平等接受义务教育。同时,通过利用全国中小学生学籍信息管理系统的数据,推动"两免一补"资金和生均公用经费基准定额资金能够随着学生的流动调整和分配。政策还明确,以公办学校为主安排随迁子女就学,并在公办学校学位不足时,通过政府购买服务的方式,安排学生在普惠性民办学校就读,实现学生的混合编班和统一管理,促进随迁子女融入学校和社区。同时,无论是公办还是民办学校,都不得向随迁子女收取与本地户籍学生不同的任何费用。特别是在特大城市和随迁子女特别集中的地区,根据实际制定随迁子女入学的具体办法。同年,《关于进一步推进高中阶段学校考试招生制度改革的指导意见》也与此出台,要求进一步落实和完善进城务工人员随迁子女在当地参加高中阶段学校考试招生的政策。

2020年后,国务院发布了《关于规范民办义务教育发展的意见》(教基厅函〔2020〕18号)、《关于督促进一步做好进城务工人员随迁子女就学工作的通知》(教基司函〔2021〕9号)等一系列指导文件,要求学位资源相对紧张的人口集中流入地区,按照常住人口增长趋势,进一步加强城镇学校建设,扩大学位供给,满足当地户籍适龄儿童和随迁子女入学需求,确保"应入尽入"、就近入学;同时,要求各地各校加强对学生的教育关爱和人文关怀,对随迁子女和当地户籍学生实行混合编班、统一管理,在教育教学、日常管理和评优评先中一视同仁、平等对待,并强调各地各校要加强学籍管理,切实做好随迁子女控辍保学工作,建立健全随迁子女关爱帮扶机制,关注随迁子女在情感、学习和生活方面的需求,帮助他们更好地融入学校生活,促进全面健康成长。

2024年7月,国务院印发《深入实施以人为本的新型城镇化战略五年行动计划》,明确提出要保障流动人口子女在新居住地的受教育权利。计划要求,主要通过公办学校来保障流动人口子女接受义务教育的权利,并增加公办学校的学位供应,不断提升这些孩子在公办学校就读的比例。同时,加快将流动人口子女纳入当地的中等职业教育和普惠性学前教育体系。为了更好地适应人口变化,计划还提出要优化区域教育资源分配,建立与人口变化相匹配的教育服务机制,并根据常住人口数量的变化动态调整教师和其他教育人员的配置。

同年8月,民政部等21部门联合发布了《加强流动儿童关爱保护行动方案》。这是国家首次针对流动儿童群体制定的专门关爱保护政策,填补了在民生保障领域的政策空白。这一方案的出台,不仅旨在确保流动儿童能够公平享有与其他儿童相同的基本公共服务,还特别关注他们的特殊需求,提供更为精准的关爱和支持服务。这项政策的推出标志着国家在关爱流动人口子女方面迈出了重要一步,也体现了对这一群体人性化关怀和社会融合的重视。

1.1.5 小结

自1992年起,中国政府一直在积极探索和实践以解决随迁子女教育问题的有效方法。随着时间的推移,关于流动人口子女教育的政策逐渐从初步尝试发展到更加成熟和明确,经历了一个逐步深化、细化及明晰化的过程。政策的发展轨迹,从最初的"以流入地区政府管理为主,以全日制公办中小学为主"的"两为主"政策到后来的"将农民工随迁子女义务教育纳入各级政府教育发展规划和财政保障范畴"的"两纳入"政策,明确展现了政府在承担随迁子女义务教育方面责任的日益增强。过去,随迁子女在城市的义务教育被看作家长的个人责任,并以支付借读费等方式有条件地接受教育。进入21世纪,政策逐渐转变为以流入地政府和公立学校为主体的管理,直至2014年,进一步将农民工随迁子女的义务教育纳入各级政府的教育规划和财政保障,这一系列变化不仅标志着政策理念的转变,也为随迁子女的能力提升开辟了更广阔的道路。

中央政府在随迁子女教育问题上的政策演进,是对社会公正和教育平等理念的深刻诠释。从最初的政策探索到后来的法律保障,每一步都凝聚了对问题本质的深入理解和对未来发展的深远考虑。这不仅展现了政府在应对社会变迁中的灵活性和前瞻性,更加彰显了其在促进教育公平、维护社会和谐方面的坚定决心。

尽管如此,政府的政策主要集中在随迁子女的义务教育入学问题上,只有2010年发布的《国家中长期教育改革和发展规划纲要(2010—2020)》和2012年的《关于做好进城务工人员随迁子女接受义务教育后在当地参加升学考试工作的意见》针对随迁子女在当地继续升学的问题提供了具体指导。1992—2024年随迁子女教育政策变迁见表1-1。

表1-1　　　　　　　　　　随迁子女教育政策变迁

时间	政策条例	主要内容
1992年	《义务教育法实施细则》	为离开户籍所在地的学龄儿童或少年提供了借读的可能性
1996年	《城镇流动人口中适龄儿童少年就学办法(试行)》	城镇流动人口中适龄儿童、少年入学由其父母或其他监护人持流入地暂住证向流入地住所附近中小学提出申请,经学校同意后即可入学
1998年	《流动儿童少年就学暂行办法》	流入地的教育行政部门应承担流动儿童少年接受义务教育的管理责任,同时强调流动儿童少年应以借读的形式在公办中小学接受教育,但也可以选择民办学校等其他形式的教育机构
2001年	《关于基础教育改革与发展的决定》	流动人口子女接受教育以流入地区政府管理为主,以全日制公办中小学为主
2003年	《关于做好农民进城务工就业管理和服务工作的通知》	流入地政府采用多种方式确保随迁子女能够平等地进入当地的全日制公立中小学,并在学费等方面与当地学生享受同等待遇,对于经济困难学生应适当减免费用
2003年	《关于进一步做好进城务工就业农民子女义务教育工作的意见》	重申了"两为主"政策;流入地政府确保收费标准与当地学生持平,禁止流出地政府在处理转学手续时向学生收取任何费用,并特别指出,对于返回原籍就学的农民工子女,当地教育行政部门应指导学校及时办理入学手续,严禁收取任何费用

续表

时间	政策条例	主要内容
2005年	《关于深化农村义务教育经费保障机制改革的通知》	将农村义务教育全面纳入公共财政的保障体系,建立中央和地方分项目、按比例分担的农村义务教育经费保障范围,建立中央和地方分项目、按比例分担的农村义务教育经费保障新机制
2006年	新修订的《中华人民共和国义务教育法》	规定了保障随迁子女在流入地接受教育的条款,将解决随迁子女平等接受义务教育的问题提升至法律层面
2008年	《国务院关于做好免除城市义务教育阶段学生学杂费的通知》	地方各级人民政府要将进城务工人员随迁子女义务教育纳入公共教育体系,根据进城务工人员随迁子女流入的数量、分布和变化趋势等情况,合理规划学校布局和发展,并强调以中央财政对解决好随迁子女义务教育的省份给予适当奖励的方式,鼓励各地方政府积极解决随迁子女入学问题
2010年	《国家中长期教育改革和发展规划纲要(2010—2020)》	研究制定进城务工人员随迁子女义务教育后在当地参加升学考试的办法
2012年	《关于做好进城务工人员随迁子女接受义务教育后在当地参加升学考试工作的意见》	要求各地制定非本地户籍常住人口在流入地接受高中阶段教育的具体办法
2014年	《国家新型城镇化规划(2014—2020年)》	确保农民工随迁子女的义务教育被纳入至各级政府的教育发展规划及财政保障体系
2015年	《国务院关于进一步做好为农民工服务工作的意见》	输入地政府需将符合条件的农民工随迁子女的教育问题列入教育发展规划
2015年	《国务院关于进一步完善城乡义务教育经费保障机制的通知》	自2016年起,取消对城市义务教育学杂费的免除以及对进城务工人员随迁子女接受义务教育的中央奖补政策,并要求统一城乡义务教育的"两免一补"政策及学校生均公用经费基准定额,即"两统一",以确保教育资金能够随学生流动,实现"资金随人走"的目标
2016年	《关于统筹推进县域内城乡义务教育一体化改革发展的若干意见》	明确了对随迁子女就学机制的改革要求,加强了流入地政府的责任,坚持以流入地政府管理和公办学校为主的"两为主、两纳入"政策,并建立了以居住证为主要凭证的随迁子女入学政策

续表

时间	政策条例	主要内容
2016年	《关于进一步推进高中阶段学校考试招生制度改革的指导意见》	要求进一步落实和完善进城务工人员随迁子女在当地参加高中阶段学校考试招生的政策
2021年	《关于督促进一步做好进城务工人员随迁子女就学工作的通知》	要求各地各校加强学籍管理,切实做好随迁子女控辍保学工作;建立健全随迁子女关爱帮扶机制,加强情感上、学习上、生活上的关心和帮助;在教育教学、日常管理和评优评先工作中一视同仁、平等对待,使他们更好融入学校学习生活,促进他们全面健康成长
2024年	《深入实施以人为本的新型城镇化战略五年行动计划》	强调保障随迁子女在流入地受教育权利。以公办学校为主将随迁子女纳入流入地义务教育保障范围,加大公办学校学位供给力度,持续提高随迁子女在公办学校就读比例。加快将随迁子女纳入流入地中等职业教育、普惠性学前教育保障范围。优化区域教育资源配置,建立同人口变化相协调的基本公共教育服务供给机制。依据常住人口规模变化动态调整、统筹优化各地教师等人员力量
2024年	《加强流动儿童关爱保护行动方案》	国家层面首个面向流动儿童群体专门制定的关爱保护政策文件

1.2 随迁子女异地中考政策现状

随着城市化进程的加速,大量农村劳动力向城市迁移,形成了庞大的城市进城务工人员群体。这一人口流动不仅带来了经济发展和社会结构的变化,也引发了一系列教育问题,特别是对随迁子女教育的挑战。这些子女在迁入城市后,面临着诸多教育资源获取的不平等,尤其是在义务教育阶段之后的进一步教育机会上。社会对于保障这一群体子女在居住地接受连续和高质量教育的需求愈发迫切,旨在促进教育公平,实现人人享有教育的基本权利。

2010年《国家中长期教育改革和发展规划纲要(2010—2020年)》的发布是国家初次明确提出,要着力解决进城务工人员随迁子女接受义务教育后参加升学考试的问题。2012年8月,国务院办公厅转发教育部、国家发展和改革委员会、公安部、人力资源和社会保障部等部门联合发布的《关于做好进城务工人员随迁子女接受义务教育后在当地参加升学考试工作的意见》(后文简称《意见》)的通知,对随迁子女参加义务教育后的高中阶段教育做出更加明确的规定。《意见》的出台无疑是我国随迁子女教育制度中的一个重大突破,这是首个专门针对随迁子女升学考试工作做出强调和规定的官方文件,标志着对这一特殊群体在当地参加中考和高考教育问题的正式和系统性回应。

《意见》具体要求各省、自治区、直辖市人民政府要根据城市功能定位、产业结构布局和城市资源承载能力,根据进城务工人员在当地的合法稳定职业、合法稳定住所(含租赁)和按照国家规定参加社会保险年限,以及随迁子女在当地连续就学年限等情况,确定随迁子女在当地参加升学考试的具体条件,制定具体办法。各省、自治区、直辖市有关随迁子女升学考试的方案原则上应于2012年年底前出台。在此政策指引下,各地区陆续制定和实施了一系列具体措施。2013年,过半数的省份开始实施流动人口随迁子女在当地参加高考的政策方案,截至2018年,除西藏外,全国各省、自治区、直辖市均出台了随迁子女参加异地高考的相关政策文件(吴霓,2018)。

本节主要阐述我国异地中考政策的具体情况。信息主要来源于作者手动搜集的各省市政府历年出台的关于进城务工人员随迁子女接受义务教育后在当地参加升学考试工作的相关政策文件。我们依次检索2013—2018年各省教育厅、教育指导委员会官方网站,各地市高中招生、义务教育招生宣传网站,以及微信本地宝公众号、新闻稿件,查询各地市关于随迁子女、外来务工人员子女接受基础教育的相关政策文件,历年高中阶段与初中阶段招生报名工作通知、升学考试实施方案。为使原始数据具有全面性、完整性与准确性,针对所有年份均缺失政策文件的城市,我们采取致电各地市教育相关部门的方式获取信息。

1.2.1　随迁子女异地中考政策梳理

1. 政策类型

异地中考政策有材料准入制和积分制两种。材料准入制指流动人口必须拥有政策规定所需材料方可获得子女在本地参加异地中考的资格。例如,北京市异地中考政策遵循材料准入制,对进城务工人员有以下要求:持有在有效期内的北京市居住证、居住登记卡或工作居住证;在京有合法稳定的住所;在京有合法稳定职业已满3年;在京连续缴纳社会保险已满3年(不含补缴);随迁子女具有本市学籍且已在京连续就读初中3年学习年限。积分制是指流动人口积分核准分值达到一定值后即可申请在本地参加异地中考。例如,上海市异地中考政策遵循积分制,政策要求考生父母需满足一方持有居住证且达到120积分的分值,同时考生为持有效期内临时居住证的应届初三学生或18周岁以下本市往届初中毕业生才可申请,积分可以通过多种材料的组合方式获得。

材料准入制和积分制两种政策归根结底均以材料要求为主要评判标准,衡量流动人口子女是否符合参加异地中考的要求。大多根据进城务工人员是否在当地拥有居住证、稳定住所、合法稳定职业,是否按时缴纳社会保险,以及随迁子女在本地连续就读的学籍年限等情况设置报考条件。此外,北京、天津、石家庄等城市还对随迁子女可选择报考的学校类型做出限制,这种一刀切的政策限制直接阻碍随迁子女在父母务工地就读公立普通高中,也侧面反映了流动人口随迁子女接受高中阶段教育和异地中考门槛的难度。

目前,只有上海市采用积分制异地中考政策,其他所有城市均采用材料准入制。积分制异地中考政策并不意味着比材料准入制要求更高或者更低,只是对申请材料的要求更加灵活,积分制中的各项指标可以互相替换,不需要所有条件全部满足,而材料准入制中的各项指标无法替换。

2. 考生家长条件

《意见》中明确提出,"根据进城务工人员在当地的合法稳定职业、合法稳定住所(含租赁)和按照国家规定参加社会保险年限",确定随迁子女在当地参加升学考试的具体条件。对此,各地区也根据实际情况提出了相应的要求,根据作者的归纳总结,异地中考政策对流动人口的要求主要包含以下几个方面。

(1)身份证

身份证属于个人的基本材料,在所有城市异地中考政策中均有要求,但不同城市对于身份证数量的要求存在差异,部分要求考生父母一方的身份证,部分要求考生父母双方的身份证。

(2)户口本

户口证明与身份证类似,同属于个人的基本材料且在所有城市异地中考政策中均有要求,但是仍然存在不同城市间要求父母单方或父母双方户口本的差异。

(3)合法稳定职业

合法稳定职业就是指有传统固定工作,或依法签订劳动合同,或取得营业执照、具有稳定收入并依法纳税的职业。不同城市对是否需要合法稳定职业,以及合法稳定职业的时长要求不同。例如,北京市要求监护人在京有合法稳定职业已满3年;深圳市仅要求监护人在深圳有合法稳定职业,未对时长做具体规定。

(4)合法稳定住所

合法稳定住所指的是申请人拥有取得房屋所有权证或不动产权证的自有住所,或签订正式房屋租赁合同,合法租赁符合登记备案、依法纳税等有关规定的住所。不同城市对是否有合法稳定住所,以及拥有合法稳定住所的时长要求不同。例如,广州市要求父母一方满足连续3年合法稳定住所;北京市对在京有合法稳定住所的时长没有要求。

(5)社会保险

社会保险的主要项目包括养老保险、医疗保险、失业保险、工伤保险、生育保险。针对缴纳社会保险的要求,各城市主要存在是否需要缴纳、缴纳时长要求和缴纳项目要求的差异。例如,北京市要求在京连续缴纳社会保险已满3年,且不含补缴;宁波市要求其父(母)(或法定监护人)按照国家规定在近3年内至少要参加一年及以上的社会保险;西安市要求监护人在陕缴纳职工基本养老保险1年以上即可,不要求缴纳所有社会保险。由于"五险"之中,养老保险所占金额最大,占70%~80%。同时,"五险"之中,医疗保险、工伤保险、生育保险属于当年风险,现收现付。失业保险,属于周期风险,是随着经济周期变动的。唯有养老保险,风险周期最长,是根据个人终身财务周期,要实现长期收支平衡,显然,仅缴纳养老保险的难度明显低于缴全五种社会保险的难度。

(6)居住证

居住证是中国城市借鉴发达国家"绿卡"制度进行的尝试,持有居住证者,可享受部分当地居民的待遇。公民离开常住户口所在地,在其他地区的市级以上城市居住一段时间以上,并符合有稳定就业、稳定住所、连续就读条件之一,即可申领居住证。因此,居住证的申请一般也需以拥有稳定住所、拥有合法稳定职业和缴纳社会保险等条件为前提,且申请过程需要一定时间才能完成。在不同城市的异地中考政策中,对居住证的要求存在父母单方或父母双方持证的差异。然而,一些地区异地中考政策仅要求考生家长持有居住证,例如青岛、武汉、苏州、贵阳等,此时决定随迁子女可否参加异地中考的关键因素变成了当地居住证申请的条件。

(7)其他证明

异地中考政策的部分城市还对除以上材料的其他材料有一定要求。例如,包头市需要户籍所在地乡以上教育主管部门出具的同意就读的证明以及户籍所在地街道办事处或乡(镇)政府出具的在当地没有监护条件的证明;济南市需要原籍教育主管部门出具的外出接受义务教育的证明信,以及出生证、学前教育证书、预防接种证和查验接种合格证。总体上,其他材料可归纳为以下三类:出生证、预防接种证、计划生育证;原籍教育主管部门出具的外出接受义务教育的证明信;回原籍报考确有困难书面证明等。

3. 考生自身条件

《意见》提出,各省、自治区、直辖市人民政府要"根据随迁子女在当地连续就学年限等情况,确定随迁子女在当地参加升学考试的具体条件",同时要注意"各地要加强对考生报考资格的审查,严格规范、公开透明地执行随迁子女升学考试政策,防止'高考移民'"。因此,异地中考政策对于考生自身条件的限制主要落脚于流入地学籍和在流入地的连续就学年限上,以此保证学生是以跟随父母迁移,为了家庭团聚来到本地市就学,而非"抢占"本地市优质公共教育资源。

(1)流入地学籍

所有地区的异地中考政策均对学籍有一定要求,考生需要具有流入地初中阶段学校学籍,以此证明在流入地就学。

(2)在流入地的就学年限

在拥有本地学籍的基础上,不同城市对在流入地就学年限的要求不同,就学年限的要求也即拥有学籍时间的要求。例如,宁波市要求具有完整的本市初中阶段连续学习经历和学籍;杭州市要求需有初中阶段连续3年学习经历和学籍;石家庄市仅要求有本市学籍,未限制拥有学籍的年限,因此即使初三那年转学到石家庄市,在其他条件满足的情况下,也可以参加异地中考。

4. 报考学校限制

由于各城市会根据城市功能定位、产业结构布局和城市资源承载能力,确定随迁子女在当地参加升学考试的条件,部分城市考虑到教育资源的有限性,除了以上对考生家长和考生自身条件的限制,还对随迁子女可选择报考的学校类型进行了限制。

北京市、天津市、石家庄市只允许随迁子女报考中等职业学校,而不具备普通公立高中的报考资格。部分城市虽然允许外地子女报考公办普通高中,但是有其他特殊的限制。例如,长春市允许民办学校就读的外地考生可直接报考本校高中部,但不允许他们报考市区其他学校;苏州市则要求幼儿师范高等专科学校的考生必须是苏州市户籍,不允许外地考生报考。此外,一些城市对随迁子女的学校报考分数要求与本地市民子女分数要求不同,例如,成都市的随迁子女在中考时被列为调招生,与本地生源分开录取,每所高中调招生的录取名额少、难度大。这种一刀切的政策限制直接阻碍随迁子女在父母务工地就读公立普通高中,也侧面反映了流动人口随迁子女接受高中阶段教育和异地中考门槛的难度。

但要注意,虽然部分城市存在随迁子女报考学校类型的限制,但大部分城市的异地中考门槛并没有区分报考职业高中和普通高中的要求差异,而是规定一个统一的参加中考的最低条件。在这些城市,只要随迁子女达到这一最低要求,最终入读职业高中还是普通高中,取决于他们自身的成绩和表现。当然,确实存在入读部分职业高中(尤其是民办的职业学校)不以参加中考为前提条件,那意味着流动人口子女报考此类学校不需要受到异地中考政策的限制,但民办高中大部分教学质量较差,高昂的学费也阻碍了流动人口家庭的报考意愿,流动人口家庭选择其概率较小。

1.2.2　随迁子女异地中考政策与异地高考政策的关系

2012年国务院办公厅转发教育部等部门《关于做好进城务工人员随迁子女接受义务教育后在当地参加升学考试工作的意见》颁布,要求做好进城务工人员随迁子女接受义务教育后在当地参加升学考试的工作。这一升学问题不仅包含中考,也包含高考,因此各地在出台随迁子女异地中考方案的同时,也纷纷制定省外常住非本地户籍人口在居住地参加高中升学的办法。根据教育部统计数据,2017年随迁子女普高招生人数只占2014年初中招生人数的27.53%,为全国平均水平的一半;2020年随迁子女在流入地报名高考的人数只占2014年初中招生人数的16.46%,不及全国平均水平的1/4。随迁子女在流入地的中考和高考问题均面临重重障碍。

作者对各城市《进城务工人员随迁子女接受义务教育后参加升学考试工作方案》中关于高考报名政策的规定进行了梳理、分析,信息主要来自各省教育厅、教育指导委员会官方网站,各地市高考报名、高中招生宣传网站,以及微信本地宝公众号或新闻稿件,集中展示于表1-2。

表1—2　　部分城市2018年随迁子女异地中考和异地高考政策对比

城市	异地中考政策报考学校限制	考生自身条件	考生家长条件	异地高考政策报考学校限制	考生自身条件	考生家长条件
北京市	只允许报考职业学校	随迁子女具有本市学籍且已在京连续就读初中3年	(1)持有在有效期内的北京市居住证、居住登记卡或工作居住证;(2)在京有合法稳定的住所;(3)在京有合法稳定职业已满3年;(4)在京连续缴纳社会保险已满3年(不含补缴)	只允许报考高等职业学校	随迁子女具有本市学籍且已在京连续就读高中3年	(1)持有在有效期内的北京市居住登记卡、居住证或工作居住证;(2)在京有合法稳定住所;(3)在京有合法稳定职业已满6年;(4)在京连续缴纳社会保险中的基本养老保险或基本医疗保险已满6年
上海市	无限制	考生本人持有效期内上海市临时居住证的应届初三学生或18岁以下本市往届初中毕业生	考生父母一方持有效期内上海市居住证且积分达到标准分值	无限制	本市高中阶段学校毕业	父母一方连续持有上海市居住证3年
广州市	无限制	具有广州市初中3年完整学籍的非广州户籍应届生	(1)父母一方满足在广州市具有连续3年合法稳定职业;(2)父母一方满足连续3年合法稳定住所;(3)父母一方缴纳广州市社会保险(含基本养老保险和基本医疗保险)累计满3年;(4)持有广东省居住证	无限制	在广东省参加中考并在父母就业所在城市具有高中阶段3年完整学籍	(1)在广东省具有合法稳定职业;(2)有合法稳定住所;(3)缴纳广东省社会保险累计满3年;(4)持有广东省居住证连续3年以上
深圳市	无限制	随迁子女符合深圳义务教育就读条件并在深圳具有3年完整初中学籍	(1)在深圳有合法稳定职业;(2)合法稳定住所(含租赁);(3)连续3年以上持有深圳有效居住证;(4)缴纳社会保险累计3年以上	无限制	随迁子女在广东省参加中考并在父母就业所在城市具有高中阶段3年完整学籍	(1)在广东省具有合法稳定职业;(2)合法稳定住所;(3)连续3年以上持有广东省居住证;(4)按国家规定在广东省参加社会保险累计3年以上

续表

城市	异地中考政策报考学校限制	考生自身条件	考生家长条件	异地高考政策报考学校限制	考生自身条件	考生家长条件
西安市	无限制	西安市初中学校毕业	(1)父亲或母亲持陕西省居住证1年以上；(2)在陕缴纳职工基本养老保险1年以上(含1年)	无限制	在陕连续学籍满3年	(1)父亲或母亲持陕西省居住证3年以上(含3年)；(2)在陕缴纳职工基本养老保险3年以上(含3年)
徐州市	无限制	有市区学籍	(1)父母营业执照(务工证明)；(2)居住证(暂住证)	无限制	在江苏省取得普通高中学籍并有完整普通高中学习经历	(1)合法稳定职业；(2)合法稳定住所(含租赁)
东莞市	无限制	随迁子女具有我市初中阶段3年完整学籍	(1)父亲或母亲有合法稳定职业；(2)父亲或母亲有合法稳定住所；(3)父亲或母亲在我省缴纳社会保险费累计满3年及以上或在我市依法缴纳社会保险费累计一年及以上；(4)父亲或母亲持有在我市办理的有效广东省居住证累计满3年或以上	无限制	随迁子女在广东省参加中考并在父母就业所在城市具有高中阶段3年完整学籍	(1)在广东省具有合法稳定职业；(2)合法稳定住所；(3)连续3年以上持有广东省居住证；(4)按国家规定在广东省参加社会保险累计3年以上

首先可以发现，各地对随迁子女参加流入地高考的条件设置依然可归为考生家长条件、考生自身条件和报考学校的限制，但条例的具体要求存在较大差异。有些地区仅要求随迁子女具有3年的本地高中学籍，而有些地区则额外对其父母的居住证、稳定住所、合法职业以及社保缴纳年限等方面提出了明确的要求。从各地政策允许报考的学校类型来看，大部分地区不对随迁子女报考学校类型设限，但是部分地区，如北京、广东等地区，仅允许随迁子女报考职业类院校。值得说明的是，异地高考方案也隐含诸多环环相扣的条件，比如要求随迁子女拥有本地高中学籍，一般来说则需要随迁子女满足异地中考条件，在本地参加中考并入读高中。

其次，对比部分城市同年的随迁子女异地中考和异地高考政策发现，相对于同一个城市的异地中考政策限制条件，异地高考政策对随迁子女除了要求其拥有本地3年高中学籍外，一般没有额外的条件设置，对于考生家长的条件要求基本与异地中考政策的难度持平，最多要求其父母再继续在本地务工或居住3年。很少有可以满足异地中考门槛但因无法达到异地高考门槛，从而放弃异地中考的情况。可以说，对于异地高考的限制大多落在对异地中考的限制上，只要满足异地中考要求并在本地就读3年，父母在本地务工居住3年基本可在当地参加异地高考。

因此，大部分人是因为无法满足异地中考，进而不能参加异地高考，研究异地中考政策是更为棘手且更为前置的问题。

1.2.3 随迁子女异地中考与义务教育入学的比较

自1992年起，我国政府对随迁子女的就地入学问题展开了不断的探索，集中于解决随迁子女义务教育入学的问题，确保所有适龄儿童都能够进入学校接受基本的教育。自2001年中央政府颁布流动儿童义务教育阶段"两为主"指令以来，流动儿童在城市的义务教育入学问题有了显著的改善。根据韩嘉玲（2017）的统计，北京市公办学校接纳流动儿童比例从2001年的13%上升到2006年的63%；上海市公办学校接纳流动儿童比例在2007年为44.74%，2008年为61.06%，2011年逐步达到73%以上。根据教育部统计数据，截至2020年，全国进城务工人员随迁子女达1 429.7万人，随迁子女在迁入地公办学校就读（含政府购买学位）的比例达85.8%，与整个义务教育阶段学生在公办学校就读比例（89.2%）大体相当。

随着劳动力市场对学历和技能要求的大幅提高，流动人口对子女教育的重视程度逐渐上升，随迁子女异地参加中考乃至高考的问题日益突出。数据显示，在满足义务教育入学政策下，大量流动人口家庭依然无法达到异地中考政策要求，随迁子女在流入地的升学面临重重障碍。根据教育部统计数据，2017年随迁子女普高招生人数只占2014年初中招生人数的27.53%,为全国平均水平的一半;从随迁子女占所有学生的比例来看,2014年初中招生随迁子女人数占全国招生人数的10.74%,而2017年普高招生随迁子女人数仅占全国招生人数的5.35%,升学过程中随迁子女人数占比不断下降。直到2010年《国家中长期教育改革和发展规划纲要(2010—2020)》的颁布,进城务工人员及其他非本地户籍就业人员随迁子女接受义务教育后在当地参加中考和高考的问题才得到关注。

相较于异地中考改革,义务教育阶段入学不直接影响本地的高考招生竞争程度,改革面临的阻力较小。而异地中考政策作为异地高考政策的前置政策,很多地方的异地高考政策只需要有3年本地高中学籍,因此异地中考政策的改革涉及与本地学生争夺高等教育录取指标的矛盾,改革进程面临重重阻碍。

表1-3列出了部分城市义务教育入学和异地中考的政策细则。可以发现,由于义务教育存在强制性,流动人口随迁子女的义务教育入学门槛一般较低,只有对家长居住证这种最基本的限制,极少城市对家长住所、就业、社保缴纳等有要求。而异地中考门槛涉及城市高中教育资源的竞争甚至高考,除了要求子女拥有当地初中学籍外,还会额外要求家长缴够一定年限的社会保险以及拥有一定年限的合法职业和稳定住所,甚至对报考学校的类型也做了严格限制。例如,上海市义务教育入学要求居住证,而异地中考则既要有居住证又要有120分的积分;还有部分城市(如北京、天津等)还对随迁子女是否能报考普通高中有额外的限制。这些要求使得大量能够达到义务教育入学门槛的随迁子女难以满足异地中考门槛。根据上海市2012—2021年统计公报和统计年鉴数据,2012年小学入学学生(本地户籍+非本地户籍)中,有83.06%在本地小学毕业,但只有69.97%在本地初中继续就读,小升初阶段随迁子女返乡规模为2.25万人;并且,约7.87万学生在初中毕业前已经返乡,只有54.32%在本地初中毕业。当然,北京市、广州市、深圳市、东莞市等状况也与上海市类似。可见,即使能在父母流入地获得义务教育,也有大批随迁子女因无法满足异地中考的要求,随着中考时间的临近而返乡。

表1-3 部分城市2018年义务教育入学政策和异地中考政策

城市	义务教育入学政策				异地中考政策			
	政策类型	报考学校类型	考生自身条件	考生家长条件	政策类型	报考学校类型	考生自身条件	考生家长条件
北京市	材料准入制	无限制	无	(1)户口簿；(2)北京市居住证；(3)在京务工就业材料；(4)在京实际住所居住材料	材料准入制	只允许报考职业学校	随迁子女具有本市学籍且已在京连续就读初中3年	(1)持在有效期内的北京市居住证、居住登记卡或工作居住证；(2)在京有合法稳定的住所；(3)在京有合法稳定就业已满3年；(4)在京连续缴纳社会保险已满3年(不含补缴)
上海市	材料准入制	无限制	适龄儿童须持有有效期内《上海市临时居住证》	父母一方须持有上海市居住证；或者父母一方持有效期内上海市临时居住证满3年，且连续3年在本街镇社区事务受理服务中心办妥灵活就业登记	积分制	无限制	考生本人为持有效期内上海市临时居住证的应届初三学生或18周岁以下本市往届初中毕业生	考生父母一方持有效期内上海市居住证且积分达到标准分值
广州市	积分制	无限制	无	同时满足以下条件的可为其子女申请以积分制方式入学：(1)户口簿；(2)连续居住1年以上的居住证；(3)居住地有效证明；(4)参加社保缴1年及以上并在保满1年以上就业证明	材料准入制	无限制	具有广州市初中3年完整学籍的非广州户籍应届生	(1)父母一方合法稳定在广州市具有连续3年合法稳定就业；(2)父母一方合法稳定居住，持有广州市居住证连续满3年；(3)父母一方缴纳广州市社保险(含基本养老保险和基本医疗保险)累计满3年；(4)持有广东省居住证

续表

城市	义务教育入学政策					异地中考政策			
	政策类型	报考学校类型	考生自身条件	考生家长条件	政策类型	报考学校类型	考生自身条件	考生家长条件
深圳市	积分制	无限制	无	符合以下条件的随迁子女,可按照积分从高到低录取:(1)父母双方或一方有使用功能的深圳经济特区居住证;(2)父母在本市的有效房产证明或购房合同满一年;(3)父母双方或一方在本市连续参加社会保险(养老保险和医疗保险)满1年的记录;(4)父母的计划生育信息记录	材料准入制	无限制	随迁子女符合深圳义务教育就读条件并在深圳具有3年完整初中学籍	(1)在深圳有合法稳定职业;(2)在深圳有合法稳定住所(含租赁);(3)连续3年以上持有深圳有效居住证;(4)在本市缴纳社会保险累计3年以上
天津市	材料准入制	无限制	儿童预防接种证原件及复印件	(1)持有有效期内的居住证原件及复印件;(2)户口簿;(3)在天津居所的证明;(4)在天津的务工就业证明	材料准入制	只可报考五年制高等职业教育和各类中职学校	已在我市就读并具有本市学籍的应届初中毕业生	持有效期内天津市居住证
武汉市	材料准入制	无限制	无	(1)居住证;(2)劳动合同(或者经营许可证)等能表明有合法就业的材料	材料准入制	无限制	在武汉市初中就读并获得武汉市初中学籍	无

续表

城市	义务教育入学政策					异地中考政策			
	政策类型	报考学校类型	考生自身条件	考生家长条件	政策类型	报考学校类型	考生自身条件	考生家长条件
西安市	材料准入制	无限制	无	(1)户籍证明;(2)流出证明;(3)父母双方的西安市居住证;(4)务工证明	材料准入制	无限制	西安市初中学校毕业	(1)父亲或母亲持陕西省居住证1年以上;(2)按照国家规定在陕缴纳职工基本养老保险1年以上(含1年)
杭州市	积分制	无限制	无	已持有市区签发的浙江省居住证(以下简称居住证)的儿童,可以申请积分入学			需有初中阶段连续3年学习经历和学籍	(1)居住证;(2)父母双方或一方在杭州市区近3年内至少参加1年社会保险
东莞市	材料准入制	无限制	无	(1)父母持本市有效广东省居住证;(2)父母在本市行政区域内就业或经商证明	材料准入制	无限制	随迁子女具有我市初中阶段3年完整学籍	(1)父亲或母亲持有效广东省居住证办理时满3年或以上;(2)父亲或母亲有合法稳定职业;(3)父亲或母亲有合法稳定住所;(4)父亲或母亲按国家规定在我市依法缴纳社会保险费累计满3年及以上或在我市依法缴纳社会保险费累计满1年及以上的保险费一次性缴费年限(不含一次性缴费年限)

1.2.4 不同类型城市异地中考政策分析

参照《意见》的要求,各省、自治区、直辖市颁布惠及流动人口随迁子女的异地中考政策,但由于中考是以地市为单位进行考试和录取工作,因此政策落实到位的关键环节在于地市层面。大多数省份参照《意见》在省级层面制定了基本要求,同时将异地中考政策条例的指定权力下放到各地级市,要求各地级市根据其自身的城市功能定位、产业结构布局和资源承载能力制定相应政策,例如山东、浙江、黑龙江、广东、河南、福建等。部分省份完全放权给地市,在省级层面并未制定任何要求,例如河北、山西、江苏、安徽、湖北等。还有部分省份由省级教育行政部门统一制定了报考条件,例如陕西、甘肃、四川、内蒙古等。但无论条例的制定权力在省还是地级市,我国异地中考政策均是在城市层面统一出台,同一城市不同区之间不存在差异。

作者根据国务院2014年11月出台的《关于调整城市规模划分标准的通知》(国发〔2014〕51号)文件,以城区人口数量将城市划分为超大城市、特大城市、Ⅰ型大城市和Ⅱ型大城市,其中,人口1 000万以上的城市为超大城市;人口500万以上1 000万以下的城市为特大城市;人口100万以上500万以下的城市为大城市,其中人口300万以上500万以下的城市为Ⅰ型大城市,人口100万以上300万以下的城市为Ⅱ型大城市。本节将依据2016年《中国城市建设统计年鉴》数据对城市分类,梳理异地中考政策,本节展示的异地中考政策均为2016年的异地中考政策。

1. 超大城市

以2016年城区人口数量为依据,我国城区人口数量在1 000万以上的城市有四个,分别是北京市、上海市、深圳市和重庆市。

(1)北京市

北京市的异地中考条件不仅需要随迁子女具有本市学籍且已在京连续就读初中3年;对流动人口家长的要求还包括持有有效期内的北京市

居住证、居住登记卡或工作居住证,在京有合法稳定的住所,在京有合法稳定职业已满3年,在京连续缴纳社会保险已满3年(不含补缴);最重要的是北京不允许随迁子女报考普通高中,只允许其报考职业学校,这一条款对随迁子女较为不利。

(2)上海市

上海市的异地中考条件是积分制,要求父母一方持有效期内上海市居住证且积分达到120分的标准分值,同时考生为持有效期内临时居住证的应届初三学生或18周岁以下本市往届初中毕业生才可申请,没有报考学校类型的限制。

家长的积分可以通过多种材料的组合方式获得。上海市居住证标准分值为120分,基础指标包含年龄、教育背景、专业技术职称或技能等级、在本市工作及缴纳职工社会保险年限等指标。年龄指标最高分值30分,持证人年龄在56~60周岁,积5分,年龄每减少1岁,积分增加2分。据《中国流动人口发展报告2016》,2016年劳动年龄流动人口平均年龄为33.7岁,因此年龄指标以最高积分30分计算。教育背景指标最高分值110分,持证人取得大专(高职)学历积50分,取得大学本科学历积60分,取得大学本科学历和学士学位积90分,取得硕士研究生学历学位积100分,取得博士研究生学历学位积110分,考虑到外来务工人员一般学历较低,学历项按照大专(高职)积分,积50。由于外来务工人员一般没有专业技术职称,此项不算积分。关于社会保险指标,根据三个等级的缴费基数赋予持证人不同的积分,我们取最低等级缴费基数:持证人最近连续3年在本市缴纳职工社会保险费基数等于以及高于本市上年度职工社会平均工资80%低于1倍的积25分;并且持证人在本市工作并按照规定按月缴纳职工社会保险费每满1年积3分,当连续工作5年且按月缴纳时可积15分,足以达到120分的标准。因此,在上海,一名在本市有合法稳定居所和合法稳定职业的普通外来务工人员一般需要持证5年左右才能达到标准积分。而子女临时居住证办理只需跟随父母办理时提供子女与父母的身份证明资料。综上所述,上海市积分制所需的最低条件大约为,拥有户口本、身份证、5年居住证、5年的合法稳定职业、5年的合法稳定住所、连续缴纳5年以上社会保险以及子女与父母关系证明资料和当地学籍,难度也较大。

(3)深圳市

深圳市异地中考条件要求监护人在深圳有合法稳定职业、有合法稳定住所(含租赁)、在本市缴纳社会保险累计3年以上,并连续3年以上持有深圳有效居住证;要求随迁子女符合深圳义务教育就读条件并在深圳具有3年完整初中学籍,没有报考学校类型的限制。

(4)重庆市

重庆市异地中考条件要求监护人持有重庆市居住证,有合法稳定职业和合法稳定住所,但均没有时长要求;对子女要求有连续两年重庆市初中学籍;没有报考学校类型的限制。相较于其他三所特大城市,重庆市异地中考条件相对较低。

2. 特大城市

以2016年城区人口数量为依据,我国城区人口数量在500万～1 000万的城市有四个,分别是广州市、成都市、天津市和南京市。

(1)广州市

广州市异地中考政策要求考生家长连续持有该市有效居住证满3年,有合法稳定职业、合法稳定住所,且缴纳社会保险满3年;要求考生有该市3年完整初中学籍;对报考学校类型没有限制。

(2)成都市

成都市要求申请参加中考的随迁子女报名时须提供父母的暂(居)住证明和合法稳定职业证明,以及学生在当地就读并取得初中阶段学籍的情况,符合条件者准予报名。但要注意,成都市参加中考的随迁子女属于调招生,与本地生分开录取,每所高中调招生的录取名额少、难度大。

(3)天津市

天津市异地中考政策与北京市较为相似,要求考生家长持有该市居住证,有合法稳定的住所,并连续缴纳社会保险已满3年;要求学生为在该市就读并具有本市学籍的应届初中毕业生;同时,对报考学校类型的限制极为严苛,只允许随迁子女报考五年制高等职业教育和各类中职学校。

(4)南京市

南京市允许具有学籍的初三学生报考参加异地中考,还需提供家庭户口簿和父母(或其法定监护人)身份证、法定监护人在本市居住满一年的居住证或暂住证、监护人相对稳定工作证明,以及符合流入地计划生育政策规定的相关证明材料。

3. Ⅰ型大城市

Ⅰ型大城市指城区常住人口在300万~500万以下的城市,我们以杭州市、沈阳市、西安市、济南市、武汉市为例进行异地中考政策的展示。

(1)杭州市

杭州市异地中考政策要求监护人有合法稳定职业、合法稳定住所,以及3年内至少参加1年社会保险;要求子女有本市初中阶段连续3年学习经历和学籍;没有报考学校类型的限制。

(2)沈阳市

沈阳市指出凡是长期居住在该市的外地户口的应届往届初中毕业生(含借读生)均可报名(有学籍),由父母或者其他法定监护人持本人身份证、居住证、居住证明、就业证明,向居住地的县(市、区)教育行政部门提出申请,由其按照相对就近入学的原则指定学校接收,没有报考学校类型的限制。

(3)西安市

西安市异地中考条件只要求报考异地中考的随迁子女需要是西安市初中学校毕业,没有报考学校类型的限制,并且对家长的要求不局限于西安市,条件放宽到了陕西省,具体要求为父亲或母亲持陕西省居住证一年以上,并按照国家规定在陕缴纳职工基本养老保险一年以上(含一年)。

(4)济南市

济南市要求有本地学籍,并且家长在济南市暂住证一年以上(含一年)、有一年以上(含一年)合法工作证明、一年以上(含一年)合法住房的流动人口子女报名参加异地中考;此外,报名时还需提供出生证、学前教育证书、预防接种证和查验接种合格证、原籍教育主管部门出具的外出接受义务教育的证明信;济南市对子女报考的高中学校类型没有限制。

(5)武汉市

武汉市异地中考政策要求极低,在武汉市初中就读并获得武汉市初中学籍即可报名异地中考,对家长有经商营业执照或合法的劳动合同即可,没有报考学校类型的限制。

4. Ⅱ型大城市

Ⅱ型大城市指城区常住人口在100万～300万以下的城市,我们以徐州市、淄博市、常州市、厦门市、合肥市为例进行异地中考政策的展示。

(1)徐州市

徐州市异地中考条件要求子女有市区学籍,父母有营业执照或务工证明以及居住证即可,对子女报考学校类型没有限制。

(2)淄博市

淄博市异地中考条件要求监护人有一年合法稳定职业且有合法稳定住所满一年,对子女要求具有该市初中阶段连续4年学习经历(淄博市学制为五四制,小学五年,初中四年),没有对子女报考学校类型的限制。

(3)常州市

常州市异地中考政策需要监护人有合法稳定职业和合法稳定住所1年以上,还需要提供独生子女证明;对子女要求在初三时在本市就读;没有子女报考学校类型的限制。

(4)厦门市

厦门市要求有该市初中学籍满3年的初中毕业生可报名参加异地中考,其监护人需要有合法稳定职业满3年、有合法稳定住所满3年、参加社会保险满3年;没有子女报考学校类型的限制。

(5)合肥市

合肥市的异地中考政策指出流动人口随迁子女的填报志愿、录取政策等方面与本地户籍考生享受同等待遇,没有额外要求。

5. 高考洼地

上述我们按照城区常住人口数量划分城市类型梳理异地中考政策,可以发现,超大城市对异地中考的要求极为严格,通常通过限制随迁子女可报考的学校类型,从根源处"杜绝"流动人口子女在本地的升学意愿。与超大城市相比,特大城市的异地中考政策要求对合法稳定住所、合法稳定职业的年限要求较低,因此随迁子女在本地参加异地中考的难度略低于超大城市。而在Ⅰ型和Ⅱ型大城市中,一些位于东北或中西部地区的省会城市的异地中考要求较低,如沈阳市、武汉市、西安市等,这些城市教育资源丰富而人口流入压力较小,因此未设置较高的异地中考要求。

此外,由于考生数量较少及政策优惠的双重原因,我国中西部的一些"高考洼地"省份(一般指新疆维吾尔自治区、西藏自治区、宁夏回族自治区、青海省、云南省、贵州省和海南省)的本科录取分数线较低。为防止高考移民的恶意涌入,这些城市相较于同等经济发展水平的城市,可能会设置异地中考政策限制条件。对此,下文展示乌鲁木齐市、南宁市、贵阳市的异地中考政策条款。

(1)乌鲁木齐市

乌鲁木齐要求随迁子女父母双方均须具有乌鲁木齐市居住证或在该市合法稳定居住的证明,且父母双方有合法真实有效的劳动务工合同或工商营业执照等相关材料;子女需要在本市有连续3年完整初中学籍,仅允许拥有疆内户口的考生报名。此外,考生可填报高级中学、实验中学、二十中、二十三中、一零一中学共5所一批次学校计划内志愿及所有一批次学校计划外志愿和二批次计划内、外共10个志愿。可见,乌鲁木齐市的异地中考政策存在多重限制,不仅对家长材料有所要求,限制报考学校类型,还直接限制省外人员子女报考,要求极为严格。

(2)南宁市

南宁市要求考生父母一方(或法定监护人)在流入地具有合法稳定的职业、有合法稳定的住所(含租赁)1年以上;要求考生在流入地的初中学校就读满3年,取得流入地正式学籍,且为初中毕业年级学生;没有报考学校类型的限制。

(3)贵阳市

贵阳市异地中考政策以贵阳市居住证为主要依据,符合在同一居住地连续居住并依法缴纳社会保险满3年,有固定住所、有稳定职业的随迁子女按照居住证与实际居住地址一致的原则报名。

此外,贵阳市对有不同就读时长的学生有不同的要求。对在本市连续就读并完成九年义务教育,需在本市升入高中阶段就读的学生,在就读区域招生部门报名并享受本区域户籍人口同等待遇,学生报名时应向招生部门提供在本市连续就读并完成九年义务教育的相关印证材料(小学学籍证明材料、小学义务教育证明、初中学籍证明材料和初中三年学校就读证明材料等)。对非贵阳市户籍,未在该市连续读满九年义务教育的学生,未返回户籍所在地参加中考,要在该市就读普通高中的,可以选择报考省级示范性普通高中学校国际项目班、一般普通高中学校、中等职业类学校及五年制专科学校。

6. 小结

分析以上不同类型城市的异地中考政策,我们可以发现全国不同城市之间异地中考政策要求差距较大,异地中考要求条件的难度一般与城市的人口数量和经济发展情况有关,设置较高异地中考难度的城市主要分布在珠三角、长三角和京津冀地区等经济发达、人口大量流入、优质教育资源丰富的城市,以及一些"高考洼地"的中西部省会城市。优质高等教育资源丰富的省份和直辖市,是出于保护本地儿童的升学权利而设置较高的门槛,"高考洼地"城市设置较高门槛则是为了防止高考移民的恶意涌入。但同时也存在一些省会城市异地中考政策要求较低,如沈阳、武汉、西安等,但这是十分合乎常理的。这些城市属于东北或中西部地区的发达城市,其教育资源丰富但流入人口尚未超过城市可容纳外来人口能力,教育资源供求相对平衡,因此暂不需设置较高的异地中考政策难度。

1.2.5 异地中考政策的变动情况

在2012年《意见》政策的指引下,各省、自治区、直辖市有关随迁子女升学考试的方案原则陆续出台。大部分城市的异地中考政策经历了从无到有的变化,如北京市在国家关于随迁子女在流入地升学考试政策出台之前,只允许无北京市正式户籍的"借读"学生报名"借考",但不能填报志愿,也不能被录取(吴霓,2018)。

但实际上,部分地区在《意见》颁布之前已开始着手解决异地中考问题。其中,一些城市的异地中考难度降低,例如,上海市取消了原有的居住证分类,以积分制取代,达到120分标准值的持证人,其子女能在上海参加中/高考,而达到标准分值的人数可能比之前持有人才引进类居住证的人数多,所以能在沪参加中高考的随迁子女人数可能会增加。一些城市的异地中考人数变相升高。例如,乌鲁木齐市在2012年及之前仅要求父母均在乌鲁木齐务工,子女具有当地注册学籍即可报名参加异地中考;2013年开始,则要求父母双方有乌鲁木齐市居住证或在该市合法稳定居住的证明、有真实有效的劳动务工合同或工商营业执照等相关材料,子女需要在本市有连续3年完整初中学籍,并且仅允许拥有疆内户口的考生报名。深圳市早在《关于2005年深圳市高中阶段学校招生考试工作的意见》中规定,凡符合义务教育就读条件的,父母在深居住1年以上、有合法住所、合法稳定职业的子女,在提供计划生育证明后均可报名;但随着异地中考改革过渡期的结束,2015年深圳市规定具有合法稳定职业、合法稳定住所(含租赁),连续持有深圳市有效居住证满3年,在深圳市缴纳社会保险累积满3年,其随迁子女符合深圳市义务教育就读条件并在深圳市具有3年完整初中学籍,才可以在深圳参加中考。当然,也有部分城市基本延续了之前的异地中考政策,例如贵阳市。综合来看,《意见》的出台在表面上看似为广大流动人口提供了便利和机会,使他们的子女能在新的居住地参加重要的中考,然而这一政策的实质性影响对于流动人口家庭来说,并不一定是积极的。

接下来,表1—4展示了2012年《意见》出台后2013—2018年间几个典型城市的异地中考政策细则,可以发现不同城市之间的异地中考政策有明显差别,且在年份之间有变化。第一,各城市异地中考门槛在2013—2018年间的政策条例基本没有放松的趋势。第二,从2013年年初各地市出台异地中考政策开始,部分城市通过设定三年过渡期,逐渐提高异地中考政策难度,厦门市作为部分设置三年过渡期的典例,到2016年时明显提高了异地中考的门槛。第三,2017年后,Ⅰ型和Ⅱ型大城市中的部分城市政策限制略有放松,例如杭州市和株洲市的异地中考政策难度有所下降。可见,《意见》发布后,城市更多的是规范随迁子女参加异地中考的途径与限制条件,并未真正为流动人口子女让渡教育资源,异地中考改革仍需持续推进。

表1—4　　　　部分城市2013—2018年异地中考政策细则

	2013年	2014年	2015年	2016年	2017年	2018年
广州市	监护人:①有合法稳定职业;②有合法稳定住所;③参加社会保险满3年 子女:有本市3年完整初中学籍	监护人:①有合法稳定职业;②有合法稳定住所;③参加社会保险满3年;④连续持有本市有效居住证满3年 子女:在本市具有3年完整初中学籍	监护人:①有合法稳定职业;②有合法稳定住所;③参加社会保险满3年;④连续持有本市有效居住证满3年 子女:在本市具有3年完整初中学籍	监护人:①有合法稳定职业;②有合法稳定住所;③参加社会保险满3年;④连续持有本市有效居住证满3年 子女:在本市具有3年完整初中学籍	监护人:①有3年连续合法稳定职业;②有连续3年合法稳定住所;③参加社会保险累计3年;④持有本市有效居住证 子女:有本市3年完整初中学籍	监护人:①有3年连续合法稳定职业;②有连续3年合法稳定住所;③参加社会保险满3年;④持有本市有效居住证 子女:有本市3年完整初中学籍

续表

	2013年	2014年	2015年	2016年	2017年	2018年
厦门市	监护人：①有合法稳定职业；②有合法稳定住所；③参加社会保险 子女：有本市初中学籍的应届初中毕业生，对年限不做要求	监护人：①有1年合法稳定职业；②有1年合法稳定住所；③参加社会保险满1年 子女：具有1年厦门市初中学校正式学籍且在学籍所在校实际就读	监护人：①有合法稳定职业满2年；②有合法稳定住所满2年；③参加社会保险满2年 子女：有本市初中学籍满3年的初中毕业生	监护人：①有合法稳定职业满3年；②有合法稳定住所满3年；③参加社会保险满3年 子女：具有本市初中学校正式学籍且在学籍所在校有3年完整学习经历	监护人：①有合法稳定职业满3年；②有合法稳定住所满3年；③参加社会保险满3年 子女：具有本市初中学校正式学籍且在学籍所在校有3年完整学习经历	监护人：①有合法稳定职业满3年；②有合法稳定住所满3年；③参加社会保险满3年 子女：具有本市初中学校正式学籍且在学籍所在校有3年完整学习经历
杭州市	监护人：3年内至少参加1年社会保险 子女：有本市初中阶段连续3年学习经历和学籍	监护人：3年内至少参加1年社会保险 子女：有本市初中阶段连续3年学习经历和学籍	监护人：3年内至少参加1年社会保险 子女：有本市初中阶段连续3年学习经历和学籍	监护人：①有合法稳定住所1年及以上；②有合法稳定职业1年及以上；③3年内至少参加1年社会保险 子女：有本市初中阶段连续3年学习经历和学籍	监护人：①有合法稳定住所1年及以上；②有合法稳定职业1年及以上；③3年内至少参加1年社会保险 子女：有本市初中阶段连续3年学习经历和学籍	监护人：①有合法稳定职业；②有合法稳定住所；③3年内至少参加1年社会保险 子女：有本市初中阶段连续3年学习经历和学籍

续表

	2013年	2014年	2015年	2016年	2017年	2018年
常州市	监护人：①有合法稳定职业；②有合法稳定住所 子女：初三时在本市就读	监护人：①有合法稳定职业1年以上；②有合法稳定住所1年以上；③独生子女证明；④户口簿 子女：应届初中毕业生，须初三年级在常州就读满一年方可报名	监护人：①有合法稳定职业1年以上；②有合法稳定住所1年以上；③独生子女证明；④户口簿 子女：应届初中毕业生，须初三年级在常州就读满一年方可报名	监护人：①有合法稳定职业1年以上；②有合法稳定住所1年以上；③独生子女证明；④户口簿 子女：应届初中毕业生，须初三年级在常州就读满一年方可报名	监护人：①有合法稳定职业1年以上；②有合法稳定住所1年以上；③独生子女证明；④户口簿 子女：初三时在本市就读	监护人：①有合法稳定职业1年以上；②有合法稳定住所1年以上；③独生子女证明；④户口簿 子女：初三时在本市就读
株洲市	监护人：①户口本；②居住证；③有合法稳定职业1年以上；④有合法稳定住所 子女：有本市学籍	监护人：①户口本；②居住证；③有合法稳定职业1年以上；④有合法稳定住所 子女：有本市学籍	监护人：①户口本；②居住证；③有合法稳定职业；④有合法稳定住所 子女：有本市学籍	监护人：①户口本；②居住证；③有合法稳定职业；④有合法稳定住所 子女：有本市学籍	监护人：①户口本；②居住证；③有合法稳定职业；④有合法稳定住所 子女：有本市学籍	监护人：①户口本；②居住证；③有合法稳定职业；④有合法稳定住所 子女：有本市学籍

第 2 章　异地中考政策对流动人口家庭影响的文献综述

基于上述研究背景和意义,我们将从以下四方面来梳理国内外文献在理论、实证和政策研究方面的发展动态:第一,随迁子女入学和升学政策的度量及影响的相关文献;第二,流动人口家庭流动的影响因素分析的相关文献;第三,儿童留守与儿童发展的相关文献;第四,流动人口家庭消费的影响因素的相关文献。

2.1　随迁子女入学和升学政策的度量及影响

2.1.1　随迁子女入学和升学政策的度量

研究异地中考政策对流动人口家庭的影响,最重要的是找到在异地中考政策出台后这段时期,能够准确刻画异地中考门槛在城市之间和时间上变化的度量指标。目前文献中关于异地中考门槛的研究绝大多数仅落脚于文本政策的梳理,或者对门槛进行大类的区分。杜永红和陈碧梅(2012)依据异地中考条件的严格程度将异地中考政策划分为严格限制型、职业教育突破型、附加条件型和完全放开型四种;叶庆娜(2011)基于随迁子女高中教育的开放程度将其划分为附条件放开型、有限放开中等职业教育型、积极探寻型和消极等待型四类;王毅杰和黄是知(2019)、陈宣霖(2018a,2018b,2021)仅从是否可以报考普通高中、重点高中对异地中考政策进行难度划分,无法全面、精确地量化异地中考门槛在城市之间和时间上的差异。李红娟和宁颖丹(2020)构建了较细化的 60 个城市异地中考政策评价指标体系,但并未对不同年份的政策做区分,而我国2013年以后各城市随迁子女升学政策的变动比较频繁,并且仅研究同一年份的政策差异,无法使用城市固定效应来控制城市层面的不可观测因素对结果的影响,容易造成估计的偏差。

此外,现有文献中已有对落户门槛、义务教育入学门槛指标的构建。关于落户门槛的度量,吴开亚等(2010)、刘金伟(2016)、孙文凯(2017)、张吉鹏和卢冲(2019)从投资、就业、家庭等几个方面构建城市落户门槛指数;Fan(2016)通过审查地方层面户口政策文件,对城市流动人口获得户口的难易程度手工编码为0~6分。关于义务教育入学门槛的度量,吴贾和张俊森(2020)按照文件中流动人口随迁子女入学提交材料数量统计,将城市按照入学难度分为1~6等级;朱琳等(2021)通过对16个城市入学政策文本的梳理,建立入学友好度指标体系评估入学门槛。但是前述文章在不同程度上均存在材料类别难度区分不准确,或者材料准入制和积分制两种制度指标无法统一的问题。

本书使用层次分析法计算异地中考门槛指数,并结合CMDS数据计算不同类别材料的获得难度差异,最大限度保证赋权的客观性与准确性;并且,统一材料准入制和积分制的指标衡量方法,将两种制度纳入同一指标体系中融合比较,最后采用多种指数构建法进行稳健性检验。本文不仅为科学评估异地中考门槛的政策影响提供了评价基础,还以新思路新方法为政策门槛指数构建提供了较好借鉴。

2.1.2 随迁子女入学和升学政策的影响

我国的随迁子女教育政策主要包括义务教育入学政策、异地中考政策和异地高考政策。现阶段对随迁子女教育政策的实证研究主要围绕义务教育入学政策,并且多聚焦于因教育而流动的迁移决策。

义务教育入学门槛对随迁子女教育问题产生了最直接的影响,部分儿童因条件未能达到入学要求不能进入公办学校读书,子女被家长送回家乡,儿童留守概率增加(杨娟和宁静馨,2019;吴贾和张俊森,2020;王茹等,2023);还有很大一部分流动儿童进入农民工子弟学校接受义务教育(Chen & Feng,2019)。但不论是就读农民工子弟学校还是回乡上学,学校的教育质量都与城市公办学校有很大的差距,这会对子女人力资本水平产生影响(Song et al.,2010)。当然,还有部分重视亲子陪伴和子女教育的流动人口在流动决策中为了避免子女留守,选择举家返乡(吴贾和张俊森,2020)。此外,一些文献指出子女随迁政策可提高农民工家庭消费,这是由于子女随迁会降低农民工家庭的预防性储蓄动机,并且能够提高子女的人力资本,增加持久性收入(胡霞和丁浩,2016)。还有一些文献指出流动人口会在子女临近义务教育学龄时参加流入地社保,以换取子女在当地的就学机会,但这种参保行为并不会在短期内为流动人口带来明显的社保收益(李尧,2022)。

关于随迁子女升学政策研究的论文较少。实证研究方面,仅有少量文献与异地中考相关,并且主要研究了异地中考报考学校类型限制(王毅杰和黄是知,2019;陈宣霖,2018a,2018b,2021)和异地中考改革(贾婧等,2021;蔚金霞和高文书,2023)的影响,并未很好地度量城市和年份间异地中考难度的差异。王毅杰和黄是知(2019)利用中国教育追踪调查数据,研究了异地中考的报考学校类型限制对父母教育参与行为和随迁子女教育期望的影响,发现异地中考限制会降低随迁子女的教育期望和父母的教育参与行为;陈宣霖(2018a,2018b,2021)利用中国教育追踪调查数据,研究了异地中考的报考高中类型限制对流动人口随迁子女的高中教育选择的影响,发现异地中考报考学校类型限制越严格,随迁子女越倾向于不读高中,以及不在流入地读高中,在读高中的类型也更多选择职业高中;贾婧等(2021)利用中国流动人口动态监测调查数据,研究了异地中考改革对流动人口子女教育获得和教育质量的影响,发现异地中考改革力度越大,流动人口子女教育优势越大,并且异地中考改革会吸引流动人口流入、提高子女随迁的可能性、降低回迁意愿和增加流入地教育资源供给来增加流动人口子女的教育机会和教育质量;蔚金霞和高文书(2023)使用中国劳动力动态调查数据,研究了2013年异地中考政策的实施对本地学生高中教育获得的影响,发现异地中考政策的实施会降低本地学生普通高中教育获得,这是因为政策的出台使随迁子女更多在本地入读普通高中,而这导致招生资源紧张。本文通过构建异地中考门槛指标体系,评估了异地中考政策在区域和时间上的差异,并且实证研究了异地中考门槛对成人流动和儿童留守(陈媛媛等,2024)、高中教育获得和人力资本积累(陈媛媛等,2023)以及流动人口家庭在流入城市消费(邹月晴等,2023)的影响,补充了异地中考政策对流动人口家庭影响的研究。

与异地高考相关的实证研究更是存在较大空白,已有两篇文献主要研究了异地高考改革对随迁子女教育机会获得(刘宁宁等,2023),以及儿童随迁和父母流动(Li & Zhang,2023)的影响。刘宁宁等(2023)使用2017年中国流动人口动态监测调查数据,研究了是否允许异地高考对城乡随迁子女高等教育获得机会差异的影响,发现允许异地高考对农村随迁子女高等教育获得机会的促进作用显著高于城镇随迁子女。Li & Zhang(2023)利用2011—2017年中国流动人口动态监测调查数据,研究了异地高考改革对儿童流动的影响,发现异地高考改革显著提高了儿童随迁的概率,但不影响父母跨省移居或移居目的地的选择。

中国家庭历来高度重视子女的教育问题,自古便有"孟母三迁"的典故。近年来,教育"内卷化"现象也日趋凸显,父母为追求优质的子女教育质量,不惜在课外辅导和培训上大力投资,购买学区房,甚至为此迁移或更换工作,从而对整个家庭的生活产生了深远影响。子女教育问题在家庭中占据十分重要的地位,子女教育政策与流动人口的家庭决策密切相关,因而研究随迁子女教育政策对流动人口家庭决策的微观影响,对科学评估随迁子女教育政策的效果提出改进意见具有重要的政策意义。

2.2 流动人口家庭流动的影响因素分析

2.2.1 成人流动的影响因素

关于人口流动的研究在国内外得到了不断的丰富与发展。劳动力有效流动能够促进经济发展，个人从收入低的地区流动到收入高的地区有助于提高自己的生活水平，劳动力从生产率低的部门流动到生产率高的部门有助于提高生产要素的配置效率。Bogue(1959)的推拉理论认为城市地区的工业化带来就业机会，城乡差距增大是一种"拉力"；同时，农村地区农业收益低下，是一种"推力"。这两股力量促成农村劳动力向城市的转移。Jorgenson(1961)在他的二元经济模型中提出，随着人口的增长，消费结构逐渐由以农产品为主向以工业品为主转变，因此农村劳动力从农村迁移到城市。Sjaastad(1962)根据人力资本理论系统地论述了迁移过程中可能产生的成本和得到的收益，从个体层面探讨了劳动力流动的动因。Todaro(1969)则指出农村劳动力会综合考虑预期收入差异和就业概率后做出流动决定。改革开放后，我国的人口流动模式主要是从欠发达地区流向发达地区。农村流动人口被优质的就业岗位和发展机会所吸引，试图通过迁移来改善家庭生活状况(徐晓新和张秀兰，2016)。

我国学者对人口流动理论既从微观层面予以丰富，也从宏观层面进行了补充。已有研究发现，除年龄、性别、受教育程度、健康水平、婚姻状况、子女情况、家庭劳动年龄人口数、财富状况等个体和家庭因素外(Di Tella et al.，2001；王子成和赵忠，2013；杨春江等，2014；陆方文等，2017)，城乡收入差距(李实，1997；周天勇，2001)、预期收入(Kennan & Walker，2011)、移民限制(Desmet et al.，2018)、教育回报率差异(邢春冰等，2013)、人均耕地面积(王子成和赵忠，2013)、社会关系网络(Zhao，2003；翟振武等，2007)、交通便利性(Duranton & Turner，2011)、城市的便利设施(Diamond，2016)、地区房价差异(高波等，2012；张莉等，2017；

周颖刚等,2019;张海峰等,2019)、空气污染(孙伟增等,2019)、数字金融发展(马述忠和胡增玺,2022)、数字经济发展(邹月晴等,2023)、工业机器人应用(陈媛媛等,2022)和城市提供的公共服务(夏怡然和陆铭,2015)等宏观因素也是影响我国劳动力空间流动的重要因素。

制度和宏观政策是影响劳动力市场有效运作的重要因素,不当的政策干预和制度约束都将增加摩擦,提高劳动力流动成本。大量文献探讨了户籍制度、土地制度、产业政策等对劳动力流动的影响。大多数研究认为户籍政策是限制农村劳动力进入城市的重要因素之一(乔明睿等,2009;陆铭,2011;Bosker et al.,2012;Meng,2000;Song,2014;姚先国等,2015;Tombe & Zhu,2019;Fan,2019)。已有文献认为户籍限制不仅限制了劳动力的流出,高落户门槛带来的移居成本也影响了劳动力的回流(孙文凯等,2011;张吉鹏等,2020)。Colas & Ge(2019)发现,户籍政策对劳动力的空间流动和分布有重要的影响,并且农村户籍的劳动力受户籍影响显著高于城市户籍的劳动力。同时,较高的落户门槛在对成人流动产生影响的同时,也导致了子女留守问题(魏东霞和谌新民,2018)。与落户政策相配套的流动人口随迁子女义务教育入学政策和异地中高考政策也是影响劳动力流动和子女留守的因素之一(张翼,2011;李超等,2018;吴贾和张俊森,2020;陈媛媛等,2024)。

土地政策和产业政策也会影响劳动力资源在空间上的配置(陈媛媛和傅伟,2017;Ngai et al.,2019;Yu,2019)。陈媛媛和傅伟(2017)研究表明农村土地经营承包权流转市场的发展程度会影响劳动力的外出概率,影响劳动力在农业和非农部门之间的配置。Ngai et al.(2019)研究发现农业户籍劳动力的土地使用权没有得到充分保障,无法形成一个有效的租赁市场,并且医疗、教育等社会转移以持有当地户口为条件,这导致低生产率的农业过度就业,是工业化的重要障碍。Yu(2019)研究发现,耕地红线政策对城市土地开发设置了障碍,会显著减少城市土地供应,减少人口,不利于劳动力在部门间和空间上的流动,从而引起劳动力错配。产业结构变动以及与之相关的收入水平变化也是推动区域人口流动重要的影响因素(蔡昉,2007)。Criscuolo et al. (2019)研究显示,英国一项旨在扶持经济落后地区制造产业企业的补助性政策对地区劳动力市场有积极影响。此外,还有文献研究了延迟退休年龄(张熠等,2017;郭凯明和颜色,2016)、计划生育政策放开(王丽莉和乔雪,2018)和延长义务教育年限(Pischke,2007;Pischke & Wachter,2008)等政策干预对劳动力市场的影响,但没有得到一致的结论。

值得注意的是,成年流动人口在城市工作主要的目的是获得较高的收入,更多与流入地城市的预期高收入与就业机会有关(Lewis,1954),他们对于城市公共品并不存在刚性需求(魏东霞和谌新民,2018);教育、医疗等公共服务对劳动力流动的影响小于工资对劳动力流动的影响(夏怡然和陆铭,2015);对于大多数外来人口,优质的公共服务不是吸引他们进入城市的主要动因,最重要的动力还是丰富的就业岗位和发展机会(熊易寒,2017;Li & Zhang,2023;陈媛媛等,2024),他们以此为主要判断标准,结合迁入地的其他特征、中间迁移障碍、个人因素以及迁出地情况做出流动决策(Lee,1966;夏怡然和陆铭,2015)。但随着中国的人口流动呈现家庭化趋势,从个体短期外出打工转变为举家迁移,流动人口越来越多地谋求在城市的长期发展(张车伟等,2019)。《2020年中国流动人口发展报告》数据显示,2020年流动人口在流入地的家庭规模为2.61人,超过一半家庭有3人及以上同城居住。与户籍制度配套的就业、医疗、养老等与成人直接相关的公共服务政策对流动人口的影响也逐渐变大。

2.2.2　儿童流动的影响因素

中华民族历来重视家庭,儿童与父母生活在一起已成为长久的社会共识。然而,自我国改革开放以来,大量的农村剩余劳动力向城市转移,在成就了我国经济持续高速发展的同时,也对我国现有的户籍制度及其相适应的劳动就业制度、社会保障制度、教育制度等造成了巨大的挑战(邹月晴等,2023)。当父母流动到城市时,对子女的安排通常有两种选择,一种是带孩子进城,使其成为流动儿童;另一种是将孩子留在家乡由祖辈或者亲戚监护,使其成为留守儿童(许传新和张登国,2010)。与人口迁移的推拉理论类似,子女的随迁或者留守状态是农村社会和城市社会推拉合力作用的结果(梁宏和任焰,2010)。大多数研究认为,无论从代际流动还是从家庭结构完整性的角度,对儿童自身和父母来说,流动都要好于留守(梁宏和任焰,2010;陶然等,2011)。

已有大量文献分析了儿童流动的影响因素,主要集中于两个方面:个体和家庭特征,包括儿童特征、父母特征、家庭背景,以及流入地城市的制度限制(许传新和张登国,2010;梁宏和任焰,2010;陶然等,2011;宋月萍和谢卓树,2017)。关于影响儿童留守决策的个体和家庭特征,梁宏和任焰(2010)利用珠三角农民工抽样调查数据,发现农民工子女的流动与否很大程度上取决于儿童的年龄和性别,父母的受教育程度和收入水平,以及农村的社会支持与迁移距离。陶然等(2011)使用2009年对全国四个特大城市的调查数据研究发现,儿童的性别和年龄、父母的工作类型和非农收入占比对子女就学地选择有显著影响。宋锦和李实(2014)利用2008年我国家庭收入项目的数据,研究发现配偶是否迁移、户主的劳动合同类型、收入水平、迁移距离和配偶的受教育水平是决定他们子女是否随迁的主要因素。吕利丹等(2013)利用重庆2010年人口普查数据发现,父母的受教育水平和迁移状况是影响儿童是否随迁的两个最重要的因素。

关于流入地城市的制度限制,教育资源的可获得性是流动人口家庭子女流动决策中一个很重要的影响因素(徐晓新和张秀兰,2016)。已有文献着重从落户门槛和义务教育入学政策的角度分析。关于落户门槛,魏东霞和谌新民(2018)发现城市落户门槛通过影响教育资源可得性,提高了流动人口子女留守的概率。关于义务教育入学门槛,徐晓新和张秀兰(2016)指出在流入地的入学障碍是流动儿童返乡成为留守儿童的重要原因;吴贾和张俊森(2020)用实证检验证实了与户籍制度挂钩的随迁子女义务教育入学限制是儿童留守的重要影响因素;Chen & Feng(2019)的研究进一步指出入学门槛提高后,有大量儿童返回家乡,但他们的父母并未一同随子女返乡。因此,提高入学门槛未必能有效地疏导低技能劳动力离开城市,反而会增加儿童留守的比例,最终不利于城市和国家的未来发展;陈媛媛和傅伟(2023)研究发现,2014 年后的特大城市人口调控政策导致特大城市流动人口子女留守概率显著增加,而这主要是由于随迁子女义务教育入学门槛提高导致的;王茹等(2023)构建了随迁子女义务教育入学门槛指数,发现义务教育入学门槛显著增加了流动人口子女的留守概率。本文进一步验证流入地城市的异地中考政策也是影响儿童留守的一个重要制度障碍。

2.3 儿童留守与儿童发展的相关文献

2.3.1 留守对儿童发展的影响

有关留守对儿童发展影响的研究主要关注父母外出对留守儿童心理健康、身体健康、人力资本积累和行为等方面的影响,大量的研究发现儿童留守会使父母与子女之间情感纽带松弛,对儿童的身心健康、安全和人力资本的积累等方面都产生不良影响,甚至引发犯罪、赌博等不良行为(吴霓,2004;叶敬忠等,2005;辛胜阳,2011;谭深,2011;Zhang et al.,2014;Zhao et al.,2014;孙文凯和王乙杰,2016;Meng & Yamauchi,2017)。

首先,研究发现留守儿童由于在成长的关键时期缺少父母的陪伴,容易产生心理健康问题,且儿童留守时间越长,留守开始的越早,儿童心理健康受到的负面冲击越大,抑郁指数越高(吴霓,2004;辛胜阳,2011;谭深,2011;Ling,2017;陆伟等,2017;杨东平等,2017;姚远和张顺,2018)。陆伟等(2017)基于两省五县 17 000 多名学生的抽样调查数据发现,父母外出打工,尤其是母亲外出打工的儿童,更容易受到同伴的欺凌,出现心理压抑与失眠等问题。姚远和张顺(2018)基于 2016 年西安一所高校所有在校学生的调查数据发现,儿童时期留守时间越长,个人青年时期的幸福感和心理健康水平越低;留守开始的时间越早,个人青年时期的心理受到负面冲击越大。事实上,随着我国城镇化的发展,目前在城市的流动儿童很大一部分是二代甚至是三代移民。杨东平等(2017)指出我国3 800万流动儿童中有58%是在城市出生的,他们在城市中长大,没有农村生活的经历。如果因为不能达到城市的入学要求而不得不回老家读书,那么,未来这些儿童的身份认同和情感归宿上会有很大的问题。Ling(2017)通过实地调研和深入访谈发现,制度歧视、区域差异和社会文化差异使得返乡儿童充满不适、迷失方向,甚至绝望。

其次,留守对儿童身体健康的影响并未得出一致的结论,但总体上得出儿童留守对子女身体健康会产生负面影响。宋月萍和张耀光(2009)通过分析2008年卫生服务调查数据发现,农村留守儿童两周患病率明显高于非留守儿童,并且母亲外出对孩子健康的影响最大。李强和臧文斌(2011)发现独自留守儿童与仅母亲外出的儿童的患病概率与增加幅度高于其他群体,但仅父亲外出的儿童健康影响不显著。刘靖(2008)研究指出母亲外出务工对留守子女的身体健康会产生负面作用。Amato & Gilbreth(1999)发现相较于跟随在父母身边的儿童,留守子女在身体健康方面处于劣势。陈在余(2009)区分了学龄前与学龄段的儿童,发现父母外出,尤其是母亲外出对学龄段儿童的健康有更大的负面影响,对学龄前儿童的健康无显著影响。孙文凯和王乙杰(2016)研究得出父母外出打工并未对儿童健康产生影响,这是由家庭收入上升与对子女照顾的缺失两种影响相互抵消导致。Meng & Yamauchi(2017)研究发现,父母不在家的时间越长,孩子的体重越轻。丁继红和徐宁吟(2018)使用中国营养与健康调查数据研究发现,父母外出务工对留守儿童的身高产生显著负面影响,但是能显著减少儿童超重的可能性。

再次,大量研究表明儿童留守无论从短期还是长期均会导致人力资本水平的下降。这是由于留守儿童的监护人通常是临时的或者隔代的,受教育水平较低,无法为儿童提供学业帮助,甚至还需要儿童提供家务和农活上的帮助(辛胜阻等,2011;Meyerhoefer & Chen,2011)。从短期来看,大多数研究发现父母迁移会导致儿童认知能力下降。Zhang et al.(2014)使用湖南省隆回县的调查数据评估了父母一方和双方缺席对留守儿童认知能力的影响,发现父母双方缺席会显著降低留守儿童的数学和语文考试成绩,而单亲缺席对留守儿童的负面影响要小得多;Zhao et al.(2014)发现父母的迁移降低了孩子数学成绩的排名,且母亲外出比父亲外出对孩子数学成绩的影响更大。Meng & Yamauchi(2017)研究发现,父母迁移时间越长,儿童课外学习的时间越少,测试成绩越低,且更有可能留级。Koo et al.(2014)通过对39名返乡流动儿童的采访发现,返乡流动儿童无法将在迁移地获得的优势转化为在老家学校中学业上的成就。从长期来看,周春芳和苏群(2023)研究表明,留守经历显著降低了个体成年期的语言能力和数理能力,对其情绪稳定性和外向性也有显著负面影响,并且父母缺席时间越长,对个体成年期认知能力和非认知能力的负面影响越大。Zheng et al.(2022)的研究也发现早期有留守经历的成年人受教育年限较短,并且认知和非认知能力较差。

最后,大多数研究表明由于存在家庭教育的缺陷,留守儿童容易出现行为偏差,其沾染上不良习惯、犯罪的比例较高(叶敬忠等,2005;辜胜阻,2011)。王进鑫(2008)通过对四川省10所中学初一到高一的学生进行抽样调查,发现留守儿童浏览色情信息、进行边缘性行为的比例高于非留守儿童,而获得监护人给予的性安全教育的指导明显低于非留守儿童。刘艳红和李川(2015)通过某市检察院和法院未成年人犯罪案例跟踪调查研究表明,留守儿童家庭原因是重要的不健康家庭因素,占据农村地区未成年人犯罪不健康家庭因素的40%。陈刚(2016)使用65个地级市的经验证据表明,亲子分离式劳动力迁移会导致青少年犯罪率上升。孙炜红等(2023)基于司法部重新犯罪问题调查数据发现,由于父母对留守子女越轨行为不能及时干预,留守经历会显著增加未成年人犯罪的风险。也有少数研究认为留守经历和犯罪不存在因果关系,郭申阳等(2019)基于陕西省泾阳县农村小学的抽样调查数据显示,留守儿童与犯罪之间不存在显著的因果关系,不能将留守儿童污名化。

2.3.2 儿童人力资本发展的影响因素

人力资本的内涵最早由亚当·斯密(1776)在《国富论》中提出,指"社会居民或成员习得的、有用的能力"。随后,经济学家西奥多·W. 舒尔茨(Theodore W. Schultz)、加里·贝克尔(Gary Becker)、雅各布·明瑟(Jacob Mincer)等提出了一套系统的传统人力资本理论。这一理论强调了医疗保健和教育在人力资本形成中的关键作用,其研究重点集中在教育、健康与收入之间的关系。此时,人力资本大致等同于认知能力(周金燕,2015)。新人力资本理论进一步将人力资本区分为认知能力和非认知能力(Heckman,2006)。在这里,非认知能力指的是那些可以带来经济收益的人格特征,包括社会性能力、自我约束等。相较于传统理论,新人力资本理论认为非认知能力和认知能力同等重要,甚至在某些情况下对收入的提升作用更为显著(Heckman,2001)。这样就形成了以认知和非认知能力为核心的人力资本研究框架。

首先,在政策制度方面,已有文章主要探讨了入学年龄限制、农村居民最低生活保障制度、义务教育学生贫困补助、户籍改革等制度对儿童人力资本发展的影响。叶菁菁和刘佩忠(2021)研究发现,入学年龄限制导致儿童推迟入学年龄,更早达到法定工作年龄,因此在离校时受教育相对减少,但九年制义务教育制度的推广和大学扩招政策的实施会使这一不利影响有所减弱。梁超和王素素(2020)关注撤点并校政策,发现撤点并校会促进农村儿童长期的人力资本发展,提高其高中入学率,但撤点村居部分儿童的小学入学率会降低。刘成奎和齐兴辉(2019)以及刘德弟和薛增鑫(2021)使用中国家庭动态监测调查数据发现,农村居民最低生活保障制度能够提高贫困儿童的人力资本。王静曦和周磊(2020)使用中国教育追踪数据发现,义务教育学生贫困补助会降低儿童辍学率,同时提高其认知能力。王丽莉和吴京燕(2022)利用人口普查微观数据发现,户籍改革导致农村人口流出机会增加,对教育投资有挤出效应,并导致农村青少年高中入学率显著下降。

其次，在家庭方面，大量研究已深入探讨了父母陪伴、物质投入、育儿方式等因素对儿童人力资本积累的影响。关于父母陪伴对儿童人力资本发展的影响，苏会(2024)使用中国教育追踪调查数据发现，随迁有利于农村青少年认知和非认知能力的发展，而且越早随迁，儿童人力资本的发展越好。Del Boca et al.(2014)以及王春超和林俊杰(2021)的研究同样显示，父母陪伴显著提高了儿童的认知和非认知能力。这是因为父母与子女频繁地互动和交流，有助于子女形成自我效能感，同时也促进了子女良好的学习态度和学习习惯的养成(苏会，2024)；关于家庭物质投入对儿童人力资本积累的影响，杨娟和赵心慧(2023)的研究发现，父母金钱投入对儿童早期认知和非认知能力的形成作用很大。Sylvia(2021)评估了家庭育儿计划的实施对儿童的效果，发现育儿者投资的增加和科学育儿技能能够促进婴儿技能的发展；育儿方式也被发现会影响儿童人力资本的积累，吴贾等(2020)的研究发现，父母耐心程度的提高能够增加儿童的认知和非认知能力，因为耐心的父母更倾向于采用科学的自主支持式教育方式；此外，父母的收入(Blau,1999)和受教育程度(Black et al.,2005)等也被发现会影响子女的人力资本发展。

再次，在同伴方面，已有文献深入探讨了同伴效应对儿童人力资本发展的影响。就儿童的认知能力而言，杨洲和黄斌(2020)利用中国教育追踪调查基线数据发现，同班同学成绩的提高会促使学生个体成绩的提高。陈媛媛等(2021)研究了本地和流动儿童之间的同伴效应，发现本地同伴成绩的提升会使得本地儿童和流动儿童的成绩都有所上升，同时流动儿童同伴成绩的提升也对本地儿童的成绩有促进作用。王春超和肖艾平(2019)从社会网络分析的角度发现，离班级中心性学生越近，学生的成绩越好。Lu & Anderson(2015)基于随机座位分配来研究邻近学生性别对学生学习成绩的影响，发现被五名女性而不是男性所包围会提高女性的成绩，但对男性成绩影响不明显；关于儿童的非认知能力，郭玉鹤等(2021)研究了班级女孩占比对学生心理健康的影响，发现较高的班级女孩占比有助于改善学生的焦虑和抑郁症状，这是因为女孩比例的增加带来了更高的教师和班级社会支持水平。王伊雯和叶晓梅(2021)研究了同伴对青少年非认知能力的影响,发现良好的同伴比例升高会对青少年的非认知能力产生积极影响,而不良同伴比例的增加会阻碍青少年非认知能力的发展。

然后,在学校教师方面,李娟等(2023)评估了中小学教师职称制度改革的影响,结果显示中小学教师职称晋升激励机制显著提高了儿童成年后的人力资本水平,使得儿童受教育年限显著延长。Duflo et al.(2011)通过在肯尼亚进行的一项随机实验发现,当教师以更适合学生水平的方式呈现教学内容时,所有学生的成绩都会有所提升。同时,如果教师面向分布中顶尖的学生授课,成绩较差的学生也会从中受益。吴莞生等(2023)利用中国教育追踪调查基线数据研究发现,教师的情感支持和对家长的信息反馈能够显著改善儿童的非认知能力。Gong et al.(2018)的研究关注了教师性别对学生人力资本发展的影响,结果显示与男孩相比,女老师能够提高女孩的考试成绩,改善她们的心理状态和社会适应能力。梁超和王素素(2020)针对2001—2012年间实施的撤点并校运动进行评估,发现这一运动会增加农村儿童获得高中教育的机会,因为会使农村儿童多集中到城、县、镇的中心或者规模较大的乡村学校就读,从而享受更为优质的师资配置和专业化授课的益处。

最后,在教育基础设施方面,已有文献指出学校基础设施的改善以及供餐计划等措施有助于推动儿童人力资本的积累。关于学校基础设施,汪德华等(2019)对国家贫困地区义务教育工程的政策效果进行评估,结果显示新建或扩建校舍、购置教学设备等改善中小学硬件设置的措施,能够显著提高受益儿童成年后的受教育年限和外出务工的收入。对于学校供餐计划这一外生干预,Gundersen et al.(2012)研究得出美国学校的午餐计划会增加儿童营养摄入,提高身体健康水平。Frisvold(2015)发现美国学校的早餐项目会提高学生的学习成绩和认知能力。从长期来看,Lundborg et al.(2022)的研究指出,获得免费午餐对个体成年早期的身体健康、受教育程度和终身收入具有积极影响。Chakrabarti et al.

(2021)研究了学校供餐计划对下一代的影响,结果显示印度学校午餐计划提高了女性参与者子女的标准化身高,主要通过提高女性受教育程度、生育决策和卫生服务利用等途径产生影响。

2.4 流动人口家庭消费的影响因素

随着城市流动人口群体不断壮大,其在流入地释放的消费潜力在城镇化带动消费的过程中起到重要作用(王亚菲等,2022);但由于我国二元经济结构制度的限制,流动人口在流入地面临经济、文化、制度、身份认同等困境,不能享受到与本地居民同等的待遇,由于收入不确定性和预防性储蓄动机,流动人口边际消费倾向相较于本地户籍人口较低(Galor & Stark,1990;陈斌开等,2010;Chen et al.,2015;程杰和尹熙,2019)。厘清阻碍流动人口家庭消费的因素,并采取有针对性的措施破除这些障碍,有助于扩大国内消费需求,畅通双循环新发展格局。

第一,医疗、养老、就业以及子女教育等制度性因素均会影响流动人口家庭消费。由于流动人口在城市中的公共服务和制度保障较为有限,他们需要为养老、医疗和子女教育等支出进行更多储蓄,从而抑制了家庭消费(孔祥利和粟娟,2013;张勋等,2014)。孔祥利和粟娟(2013)运用全国28个省份调查数据发现,随迁子女义务教育制度、住房和医疗保障制度的限制,提高了农民工预防性储蓄,抑制其消费。张勋等(2014)使用推演模型分析得出,农民工进城由于收入水平的提高其消费会相应提高,但是由于其无法享受到城镇居民的社会医疗保障水平,其边际消费倾向降低,最终导致整体消费率下降。

第二,参加医疗和养老保险可以激发流动人口在流入城市的消费潜力(卢海阳,2014;杨翠迎和汪润泉,2016;汪润泉和赵彤,2018;袁辉等,2023)。卢海阳(2014)使用2013年农民工问卷调查数据发现,拥有城镇的养老、医疗、失业保险对农民工家庭消费有显著正向影响。杨翠迎和汪润泉(2016)使用中国流动人口动态监测调查数据发现,对于参加养老保险对农村户籍流动人口的边际消费倾向有显著促进作用。宋月萍和宋正亮(2018)使用2014年流动人口动态监测调查数据发现,参加医疗保险能够显著促进流动人口消费。汪润泉和赵彤(2018)运用2014年中国流动人口动态监测调查数据发现,参加职工养老保险能够提高在单位就业的农民工对未来持久收入的预期,从而促进其消费,但是对个体就业的农民工的消费水平没有显著影响。袁辉等(2023)使用2019年中国家庭金融调查数据发现,持有商业健康保险能够增加流动人口的消费能力和消费意愿,从而提升其消费水平。

第三,流动人口自身的务工时间、受教育程度、同住家人数量、收入不确定性等个体及家庭特征会影响家庭消费行为(钱文荣和李宝值,2013;卢海阳,2014;Cheng,2021)。Cheng(2021)使用中国义务教育法的实施作为准自然实验,考察了受教育程度对于中国城市流动人口消费的影响,发现受教育程度对流动人口家庭平均月消费均有显著的正向影响。钱文荣和李宝值(2013)通过对53个地市农民工进行抽样调查,发现农民工收入不确定性和支出不确定性会显著抑制其消费。卢海阳(2014)使用2013年农民工问卷调查数据,发现进城务工时间、受教育程度、同住家人数量和家庭收入对家庭消费有显著促进作用。宋月萍(2019)采用2014年中国计划生育家庭发展追踪调查数据,发现婴幼儿和老年人随迁会增加流动人口家庭的医疗消费,学龄前儿童随迁会增加流动人口家庭的教育消费。

第四,流动人口在流入城市的留居意愿和融入度会影响家庭消费(钱文荣和李宝值,2013;卢海阳,2014;周明海和金樟峰,2017)。钱文荣和李宝值(2013)通过对53个地市农民工进行抽样调查,发现农民工市民化程度的提高能够减少其收入的不确定性,从而促进其消费。卢海阳(2014)使用2013年农民工问卷调查数据,发现相比于打算返乡的农民工,有在流入城市定居意愿以及自身定位为城里人的农民工的家庭消费水平更高。周明海和金樟峰(2017)使用2014年流动人口动态监测调查数据,发现长期居住意愿增加了流动人口在流入地的人均消费,并且对人均住房消费支出的促进作用更大。孙文凯等（2019）采用2014年卫生健康委员会流动人口社会融合与心理健康调查数据，发现更认同本地人身份的流动人口消费水平更高。

第五，除了流动人口家庭特征，流入地的房租价格、文化习惯等因素也会影响流动人口家庭消费（孙伟增和张思思，2022）。Carroll et al.(1999)使用美国人口普查数据发现，文化差异会影响移民的储蓄行为，来自不同国家的移民储蓄行为有显著差异。孙伟增和张思思（2022）使用2011—2014年中国流动人口动态监测调查数据发现，城市的住房租金上涨提高了流动人口家庭的总支出，但显著挤出了流动人口家庭的非住房支出。

笔者认为，从随迁子女升学政策出发，为识别影响流动人口家庭消费的制度性障碍提供进一步的证据，对在当前复杂经济形势下畅通经济循环，以体制机制为抓手激发城镇化的内需潜力，更好响应国家提出的"提振居民消费能力"的政策关切具有重要意义。

第3章 异地中考门槛指数的计算

3.1 引言

国务院办公厅在2012年8月转发了教育部、国家发展改革委等四部委联合发布的《关于做好进城务工人员随迁子女接受义务教育后在当地参加升学考试工作的意见》(后文简称《意见》),要求各省份(自治区、直辖市)于2012年年底前出台详细的异地中考方案,以此保障全国各地流动人口随迁子女公平的受教育权利和升学机会。《意见》的出台是我国异地中考的重要转折点,虽然2012年前有些地区已经着手解决随迁子女的异地中考问题,例如,山东省在2010年出台《国家中长期教育改革和发展规划纲要(2010—2020年)》后已经放开随迁子女异地中考,但是绝大多数城市2012年以前均无随迁子女在当地参加中考的方案或政策,政策文件收集存在困难。因此,本章选取2013—2018年的异地中考政策文本进行研究。

而不同城市异地中考政策错综复杂,研究异地中考政策对流动人口家庭的影响,首先需要对我国各城市的异地中考政策构建一个系统的、可量化的指标体系。目前文献中关于异地中考门槛的研究绝大多数仅落脚于文本政策的梳理(张珊珊,2015;吴霓,2018;张银锋,2018),缺乏系统的量化指标体系和严谨的实证评估。本章采用层次分析法,梳理全国72个城区人口100万以上城市的2013—2018年流动人口随迁子女异地中考政策文件,构建了统一量化的、可跨地区跨时间对比的异地中考门槛层次结构模型,并计算出2013—2018年72个城区人口100万以上城市的异地中考门槛指数。与以往的研究相比，本章的创新和拓展在于以下三点：

第一，本章通过政策文件的梳理，建立了统一量化的、可跨地区跨时间对比的异地中考门槛指标体系。目前文献多围绕异地中考条件进行政策梳理，对门槛进行分类（杜永红和陈碧梅，2012；张银锋，2018），或者仅从是否可以报考普通高中、重点高中等做难度划分（王毅杰和黄是知，2019；陈宣霖，2021），无法全面、精确地量化异地中考门槛在城市之间的差异。李红娟和宁颖丹（2020）构建了较细化的60个城市异地中考政策评价指标体系，但并未对不同年份的政策做区分。本章不仅为科学评估异地中考门槛的政策影响提供了评价基础，还以新思路新方法为政策门槛指数构建提供了较好借鉴。

第二，本章对现有门槛指数的计算方法做出了进一步的完善。文献中已提供了较为完善的门槛指数构建思路，主要集中在落户门槛（吴开亚等，2010；张吉鹏和卢冲，2019）和义务教育入学门槛（朱琳等，2020），但以上研究在构建过程中不同程度上存在材料类别难度区分不准确，或者无法将材料准入制和积分制两种制度在同一指标体系中融合比较的问题。一方面，本章最大限度地保证了赋权的客观性与准确性。本章合成综合指数的原始指标包括家长身份证、户口本、居住证、合法职业、稳定住所、社会保险、学生学籍以及其他证明等，这些指标获取的相对难易程度均可以比较，为使指标的权重分配与实际情况更相符，本章主要采用层次分析法计算异地中考门槛（郭峰等，2020；De Luca et al.，2021），并结合李红娟和宁颖丹（2020）的研究[①]与CMDS数据中流动人口拥有各项材料的比例[②]，赋予不同材料相对获得难度，最大限度地保证赋权的准确性。同时，本章还使用投影寻踪法、等权重法、熵值法和因子分析法测算的异地

[①] 本文参考李红娟和宁颖丹（2020）的研究，将报考学校限制作为获得难度最高的指标。

[②] 根据CMDS 2017数据计算符合这三项要求的人数比例，其中拥有稳定住所的流动人口比例最高，拥有合法职业的次之，满足社会保险条件的最低，因此赋予社会保险获得的相对难易程度高于合法职业，并高于稳定住所。

中考门槛进行稳健性检验,保证了结果的稳健性。

另一方面,本章解决了以往文献中材料准入制和积分制无法融合比较的问题。异地中考政策分为材料准入制和积分制[①],但文献存在无法将这两种制度在同一指标体系中融合比较的问题。吴开亚等(2010)、孙文凯(2017)、张吉鹏和卢冲(2019)、Fan(2019)等文献均未说明材料准入制和积分制户籍制度计算方法的差异。吴贾和张俊森(2020)、朱琳等(2020)虽区分材料准入制和积分制,但前者只是简单将积分入学制的城市归入另一个等级;后者分别构建了两套指标体系,积分制和材料准入制城市的难度仍不可比。本章综合梳理材料准入制与积分制异地中考政策所需的基础材料类型,将两种制度纳入同一指标体系中融合比较[②],解决了以往文献中两种制度指标无法统一的问题。

第三,本章系统描绘了我国现阶段各城市异地中考改革推进的基本态势、区域差异与演变进程,提炼了影响异地中考政策制定的相关因素,对地方政府降低异地中考门槛的驱动机制有更清晰的理解,为不同类型城市推进异地中考改革提供了有针对性、差异化的科学参考依据。

3.2 样本城市选择

样本城市的选择参考国务院 2014 年 11 月出台的《关于调整城市规模划分标准的通知》(国发〔2014〕51 号)文件[③],以城区常住人口为统计口

---

① 材料准入制是指流动人口必须具备规定的各项材料;积分制通常规定要求积分的数额,积分可以通过学历、技能证书、社保缴纳年限等各项累加,不同材料之间有可替代性。

② 针对上海这一积分制城市,政策要求考生父母须满足一方持有居住证且达到 120 积分的分值。由于积分可以通过多种方式获得,门槛指数使用满足 120 分值所需要的最低条件计算。

③ 根据国务院 2014 年 11 月出台的《关于调整城市规划划分标准的通知》(国发〔2014〕51 号)文件,以城区常住人口为统计口径,将城市划分为五类七档。城区常住人口 50 万以下的城市为小城市,其中 20 万以上 50 万以下的城市为Ⅰ型小城市,20 万以下的城市为Ⅱ型小城市;城区常住人口 50 万以上 100 万以下的城市为中等城市;城区常住人口 100 万以上 500 万以下的城市为大城市,其中 300 万以上 500 万以下的城市为Ⅰ型大城市,100 万以上 300 万以下的城市为Ⅱ型大城市;城区常住人口 500 万以上 1 000 万以下的城市为特大城市;城区常住人口 1 000 万以上的城市为超大城市。

径,依据2016年《中国城市建设统计年鉴》,选取城区人口在100万以上的城市,即大城市、特大城市、超大城市共计72个,这些城市覆盖了26个省会城市(除去拉萨、西宁)、4个计划单列市与42个其他城市(见表3—1)。从地理分布看,39个城市位于东部地区,占样本城市的53.6%,23个城市位于中部地区,占样本城市的31.5%,10个城市位于西部地区,占样本城市的13.6%。

表3—1　　72个样本城市选择

城市类型		具体城市
超大城市(城区人口1 000万以上)		北京市、上海市、重庆市、深圳市
特大城市(城区人口500万~1 000万)		成都市、广州市、天津市、南京市
大城市	Ⅰ型大城市(城区人口300万~500万)	杭州市、武汉市、西安市、长沙市、郑州市、沈阳市、昆明市、大连市、哈尔滨市、济南市、长春市、太原市
	Ⅱ型大城市(城区人口100万~300万)	石家庄市、苏州市、无锡市、宁波市、徐州市、南通市、盐城市、福州市、厦门市、泉州市、东莞市、青岛市、烟台市、潍坊市、临沂市、济宁市、淄博市、合肥市、芜湖市、淮南市、佛山市、汕头市、温州市、贵阳市、南昌市、南宁市、惠州市、兰州市、海口市、扬州市、乌鲁木齐市、呼和浩特市、银川市、包头市、鞍山市、抚顺市、吉林市、齐齐哈尔市、唐山市、邯郸市、保定市、大同市、大庆市、廊坊市、柳州市、株洲市、洛阳市、南阳市、赣州市、襄阳市、自贡市、泸州市

注:根据国务院2014年出台的《关于调整城市规模划分标准的通知》,以城区常住人口数量划分。

这里选取流入城区人口在100万以上的城市的流动人口家庭作为研究对象的原因有以下三点:

一是大多数流动人口都聚集在有更多工作机会的大城市,而小城市由于工作机会较少,流动人口较少。根据2015年1%人口抽样调查数据,跨市流动的人口中,流入城区人口在100万以上城市的人口占全部跨市流动人口的80.998%。

二是CMDS 2014—2017数据中城区人口100万以下城市中有义务教育阶段子女的流动人口家庭样本量较少,未必对该城市的流动人口具有代表性。在城区人口 100 万以下城市中,样本量在 100 万以下和 50 万以下的城市比例(个数)分别为 53.2%(174 个)和 29.1%(95 个)。

三是人口规模较小的城市针对流动人口随迁子女的异地中考政策文件很多没有在互联网上公开,数据收集困难。

3.3 数据来源

流动人口随迁子女异地中考门槛指标体系的基础数据主要来自各省市政府历年出台的关于进城务工人员随迁子女接受义务教育后在当地参加升学考试工作的相关政策文件,政策的主要收集途径是网络查询。首先,我们依次检索 2013—2018 年各省教育厅、教育指导委员会官方网站,各地市高中招生、义务教育招生宣传网站,以及微信公众号本地宝、新闻稿件,查询各地市关于随迁子女、外来务工人员子女接受基础教育的相关政策文件,历年高中阶段与初中阶段招生报名工作通知、升学考试实施方案。其次,对文件进行逐个阅读与比对,提取所有可以标准化的信息,按照内容分类整理到统一格式的表格中。最后,整理出 2013—2018 年各城市异地中考政策需要的所有条件,并将这些条件归类整理,生成表格,作为计算异地中考门槛指数的原始数据。

为使原始数据具有全面性、完整性与准确性。针对所有年份均缺失政策文件的城市,我们采取致电各地市教育局相关部门的方式获取信息;针对个别年份缺失政策文件的城市,我们通过比对前后相邻年份的政策文件,分析政策的变化情况,若前后年份政策一致,则认为中间空缺年份的政策没有发生变化,若前后年份政策不一致,则门槛难度取相邻两年的平均值,实际操作中发现空缺年份与前后相邻两年的政策均一致,所以我们在空缺年份处直接填补相同的政策。

3.4 指标体系构建

通过梳理 2013—2018 年 72 个城区人口在 100 万以上城市的异地中考政策文件,我们发现异地中考报考政策主要包含对考生家长条件与考生自身条件两方面的限制,具体包括家长身份证、户口本、居住证、合法职业、稳定住所、社会保险、学生学籍、其他证明(包括出生证、计划生育证、预防接种证、原籍教育主管部门出具的外出接受义务教育的证明信、书面报告)共 8 类材料。此外,北京、天津、石家庄等城市还对随迁子女可选择报考的学校类型进行了限制,这种一刀切的政策限制直接阻碍随迁子女在父母务工地就读公立普通高中,也侧面反映了流动人口随迁子女接受高中阶段教育和异地中考门槛的难度。我们将以上条件归为 9 个指标,并参照朱琳等(2020),按照各指标要求中的不同难度等级进行起始难度 s_i 的赋分,构建异地中考门槛层次结构模型(如表 3-2 所示)。

表 3-2　　　　　　　　异地中考门槛层次结构模型

目标层	准则层	指标要求	指标难度分 (s_i)
异地中考门槛	1. 身份证(父母双方需要乘以 2)	不需要	0
	2. 户口本(父母双方需要乘以 2)	需要	1
	3. 居住证(父母双方需要乘以 2)	不需要	0
		需要	1
	4. 本地学籍	需要 1 年	2
		需要 2 年	3
		需要 3 年及以上	4
	5. 合法职业(劳动合同或营业执照,父母双方需要乘以 2)	不需要	0
		需要	1
	6. 稳定住所	需要 1 年	2
	7. 社会保险(父母双方乘以 2,只需要养老保险乘以 0.7)[a]	需要 2 年	3
		需要 3 年及以上	4

续表

目标层	准则层	指标要求	指标难度分(s_i)
异地中考门槛	8.其他证明	不需要	0
		需要出生证、预防接种证、计划生育证	1
		需要原籍教育主管部门出具的外出接受义务教育的证明信	2
		需要回原籍报考确有困难书面证明	3
	9.报考学校限制	无限制	0
		其他限制[b]	1
		不能报考重点高中	2
		不能报考公办普高	3

注：(a)社会保险的主要项目包括养老保险、医疗保险、失业保险、工伤保险、生育保险。在异地中考的要求中，一些地区对社会保险的年份有要求，而一些地区仅对缴纳养老保险时长有要求。由于五险中，养老保险所占金额最大，占70%到80%，因此养老保险的难度以社会保险难度乘以0.7赋分计算。(b)其他限制指某些地区允许外地子女报考公办普高，但是有一些特殊的限制，例如长春允许民办学校就读的外地考生可直接报考本校高中部，但不允许他们报考市区其他学校；苏州市要求幼儿师范高等专科学校的考生必须是苏州市户籍，不允许外地考生；一些城市对随迁子女的学校报考分数要求与本地市民子女分数要求不同，例如成都市参加中考的随迁子女属于调招生，与本地生分开录取，每所高中调招生的录取名额少、难度大。

3.5 指标权重计算

由于本节合成综合指数的原始指标包括家长身份证、户口本、居住证、合法职业、稳定住所、社会保险、学生学籍以及其他证明，这些指标获取的相对难易程度均可以比较，为使指标的权重分配与实际情况更相符，本文采用层次分析法(Analytic Hierarchy Process，AHP)确定随迁子女异地中考门槛各指标的权重(Gaudinier et al.，2018；郭峰等，2020；孙文凯等，2020；De Luca et al.，2021)，操作步骤如下：

第一,计算9个指标之间的相对难易程度$x_{i,j}$。当$x_{i,j}$等于1,说明指标i与指标j获取难度相同,$x_{i,j}$越大,说明指标i比指标j的相对难度越大。指标具体难度赋分如下:

(1)以身份证和户口本为基准,将身份证和户口本难度赋分为1($x_{1,1}=x_{2,1}=1$),因为户口本和身份证作为基础条件人人必备,难度最低。

(2)对于居住证和学籍的难度赋分为3($x_{3,1}=x_{4,1}=3$),这里只体现持有居住证或学籍的时间长短,对申请居住证和入学要求的具体条件在其他相应指标中另算。

(3)对异地中考政策本身,或政策要求的居住证、义务教育入学资格中涉及的稳定住所、合法职业和缴纳社会保险等条件,分别进行难度赋分。为准确区分难度,根据CMDS 2017数据计算符合这三项要求的人数比例,其中拥有稳定住所的流动人口比例最高,拥有合法职业的次之,满足社会保险条件的最低。① 相应的,将稳定住所赋分为4($x_{6,1}=4$)、合法职业赋分为5($x_{5,1}=5$)、社会保险赋分为6($x_{7,1}=6$)。

(4)其他证明材料获得难度略大于身份证、户口本,赋分为2($x_{8,1}=2$)。

(5)报考学校限制指在一些地区对随迁子女可选择报考的学校类型进行了限制,例如北京和天津只允许报考中等职业学校;苏州不允许报考当地师范学校;成都对本地考生和随迁子女考生的录取设置不同的分数,这些一刀切的政策限制对于随迁子女高中升学的影响非常大,因此将其在整个指标体系中赋分最高为9($x_{9,1}=9$)。

第二,根据层次结构模型准则层中9个指标的相对难易程度$x_{i,j}$构造判断矩阵。为了更好地理解各个指标在层次结构模型中的重要性,我们构建了一个判断矩阵$x_{i,j}$,用来比较不同指标之间的相对难度。每次比较的结果用数值表示,数值的大小代表了这两个指标之间的相对难易程度。例如,如果我们认为指标A比指标B更难达成,就会在矩阵中相应的位置记录一个较大的数值。通过这样的方式,我们可以清晰地看到

---

① CMDS 2017数据中16岁至60岁流动人口具有稳定住所、合法职业和社会保险的比例分别为79.0%、60.6%和49.9%。

这些指标之间的相互关系和重要性排序。比较结果参见表3—3。

表3—3　　　　　　　　　异地中考门槛指标判断矩阵

行对列难度 $(x_{i,j})$	身份证	户口本	居住证	学籍	合法职业	稳定住所	社会保险	其他证明	报考学校限制
身份证	1	1	1/3	1/3	1/5	1/4	1/6	1/2	1/9
户口本	1	1	1/3	1/3	1/5	1/4	1/6	1/2	1/9
居住证	3	3	1	1	3/5	3/4	1/2	3/2	1/3
学籍	3	3	1	1	3/5	3/4	1/2	3/2	1/3
合法职业	5	5	5/3	5/3	1	5/4	5/6	5/2	5/9
稳定住所	4	4	4/3	4/3	4/5	1	2/3	2	4/9
社会保险	6	6	2	2	6/5	3/2	1	3	2/3
其他证明	2	2	2/3	2/3	2/5	1/2	1/3	1	2/9
报考学校限制	9	9	3	3	9/5	9/4	3/2	9/2	1

第三,用算术平均法计算归一化的指标权重(张炳江,2014)。根据判断矩阵,算术平均法求得的权重向量为 $\omega_i = \frac{1}{n} \sum_{j=1}^{n} \frac{x_{i,j}}{\sum_{i=1}^{n} x_{i,j}} (i=1,2,\cdots,n)$, $x_{i,j}$ 为判断矩阵第 i 行第 j 列的元素, $n=9$ 为判断矩阵的阶数,求得权重(如表3—4所示)。

表3—4　　　　　　　　　异地中考门槛指标权重

一级指标	二级指标	材料相对难度 $(x_{i,1})$	指标权重 (a_i)
身份状况	身份证	1	0.029 4
	户口本	1	0.029 4
	居住证	3	0.088 2
基本累积	学籍	3	0.088 2
	合法职业	5	0.147 1
	稳定住所	4	0.117 6
	社会保险	6	0.176 5
	其他证明	2	0.058 8
报考限制	报考学校限制	9	0.264 7

第四,为检验判断矩阵是否存在逻辑问题,我们使用了一致性检验的方法。这种检验可以帮助我们确定矩阵中的数据是否保持一致,没有出现明显的矛盾。具体而言,我们首先利用公式 $CI=(\lambda_{\max}-n)/(n-1)$ 计算一致性指标 CI,$\lambda_{\max}$ 是判断矩阵的最大特征根,n 是判断矩阵阶数。接下来计算一致性比例 CR,$CR=CI/RI$,RI 是平均随机一致性指标,它是一个固定的值,可通过查阅平均随机一致性指标表得到。根据公式,我们可以计算得出,$CI=0$,$RI=1.45$,$n=9$,$\lambda_{\max}=9$。由于 $CI<0.10$,认为此时判断矩阵满足一致性原则。

3.6 指标计算方法说明

将每个城市 c 的指标 i 难度标准化得分 $D_{c,i}$ 与指标权重 ω_i 进行相乘并加总,得到城市 c 的异地中考门槛指数 Q_c,数值越大,表明该城市的异地中考门槛越高,异地中考准入条件越严格,计算公式表示如式(3.1)、(3.2):

$$Q_c = \sum_{i=1}^{9}(D_{c,i} \times \omega_i) \qquad (3.1)$$

$$D_{c,i} = (s_{c,i} - \min s_i)/(\max s_i - \min s_i) \qquad (3.2)$$

其中,$s_{c,i}$ 为根据每个城市 c 的第 i 指标难度得分,$\max s_i$ 与 $\min s_i$ 分别表示第 i 个指标中难度得分的最大值与最小值。

最后,由于城市间异地中考政策内容有很大的差异,对指标计算中的处理细节进行以下说明:

第一,上海市异地中考政策遵循积分制[①],政策要求考生父母需满足一方持有居住证且达120分的分值,同时考生为持有效期内临时居住证的应届初三学生或18周岁以下本市往届初中毕业生才可申请,由于积分可以通过多种方式获得,门槛指数用满足120分值所需要的最低条件计

---

① 异地中考政策中,只有上海市采用积分制(但上海市义务教育入学使用材料准入制),其他所有城市均采用材料准入制。

算。总体上，积分制并不意味着要求比材料准入制更高或者更低，只是对申请材料的要求更加灵活，各项指标之间可以替换，而材料准入制各项指标无法替换。

第二，由于随迁子女异地中考政策的目的是妥善解决流动人口随迁子女高中入学问题，保障外来务工人员子女受教育的基本权利。当某个城市的异地中考政策针对不同层次学校有不同的限制条件时，我们取能使随迁子女参加中考报考高中的最低要求。

第三，一些地区随迁子女参加异地中考需要的条件中只要求考生拥有当地学籍或居住证，例如青岛、武汉、苏州、贵阳等，此时决定随迁子女可否参加异地中考的关键因素变成了当地义务教育的入学条件或者申请居住证的条件，因此我们进一步梳理这些城市的义务教育入学条件和申请居住证的条件，参照异地中考指标体系的构建方法计算。此外，还存在极个别城市义务教育入学政策采用积分入学制，例如苏州市，积分达到本市划定入学积分资格线的可以接受义务教育。与上海市异地中考积分制类似，我们以满足入学积分的最低条件计算。

3.7 不同的指标测算方法

层次分析法的优势在于权重测算比较直观，且各指标权重与实际难度较相符，但指标权重矢量确定具有一定的主观性。为避免指标设定造成的偏误，本文还使用因子分析法（尹志超等，2014）、等权重法（张吉鹏和卢冲，2019）、投影寻踪法（吴开亚等，2010；张吉鹏和卢冲，2019）和熵值法（李虹和邹庆，2018；张吉鹏和卢冲，2019）对 72 个城市的异地中考门槛进行了重新测算。

区别于层次分析法主客观结合的赋权方式，投影寻踪法、等权重法、熵值法和因子分析法均是用来简化复杂的数据，将高维数据降维，客观地构建综合指数的多元统计方法。客观赋权方法是纯粹的统计方法，通过给每个指标分配权重，构建出一个综合指数，然而这一方法不能够完全保证给每个原始指标赋予的权重与实际难度相符合，指标之间的相对权重可能并不可比(You et al.,2020)。具体来讲：因子分析法是根据指标之间的相关关系，在尽量减少信息损失的情况下赋予权重；投影寻踪法是将高维数据投影到低维空间上，寻找那些能最好地代表原始数据结构的特征；等权重法是简单假设每组原始指标对于综合指数的贡献度相同；熵值法是根据每个原始指标提供的信息熵，也即信息量来确认它的重要性，进而计算权重。在本文的研究情境下，异地中考政策中的每一个条例都有其不同的重要性或贡献度的含义，使用客观赋权的统计方法会忽视掉很多重要信息，使计算出的部分城市的异地中考门槛指数与现实不完全相符。

而本章合成综合指数的原始指标包括家长身份证、户口本、居住证、合法职业、稳定住所、社会保险、学生学籍以及其他证明，这些原始指标获取的相对难易程度均可以比较。为使得指数计算过程更加简洁和符合直觉，并且指标相对难易程度与实际难度相符合，我们在慎重考虑之下，选择使用层次分析法计算的异地中考门槛作为基准模型的解释变量，并在实证分析中使用等权重法、因子分析法、投影寻踪法和熵值法测算的异地中考门槛进行稳健性检验。

图 3-1 和图 3-2 分别画出了层次分析法和其他客观赋权法的散点图(包括拟合线)和概率密度分布曲线，总体上使用不同方法计算的门槛指数的分布相似，并且层次分析法与因子分析法、等权重法、投影寻踪法和熵值法构建的异地中考门槛指数相关性很高，相关系数分别为 0.871、0.700、0.871 和 0.702，且均在 1‰显著性水平下显著。这说明虽然层次分析法有一定的主观成分，但它不仅能直观地解释每个因素在指数中的重要性，还能在一定程度上反映原始数据之间的关系和信息。因此，在基准回归中，我们使用层次分析法计算的异地中考门槛，并采用因子分析法、等权重法、投影寻踪法和熵值法构建的异地中考门槛进行稳健性检验，以验证结果的可靠性。

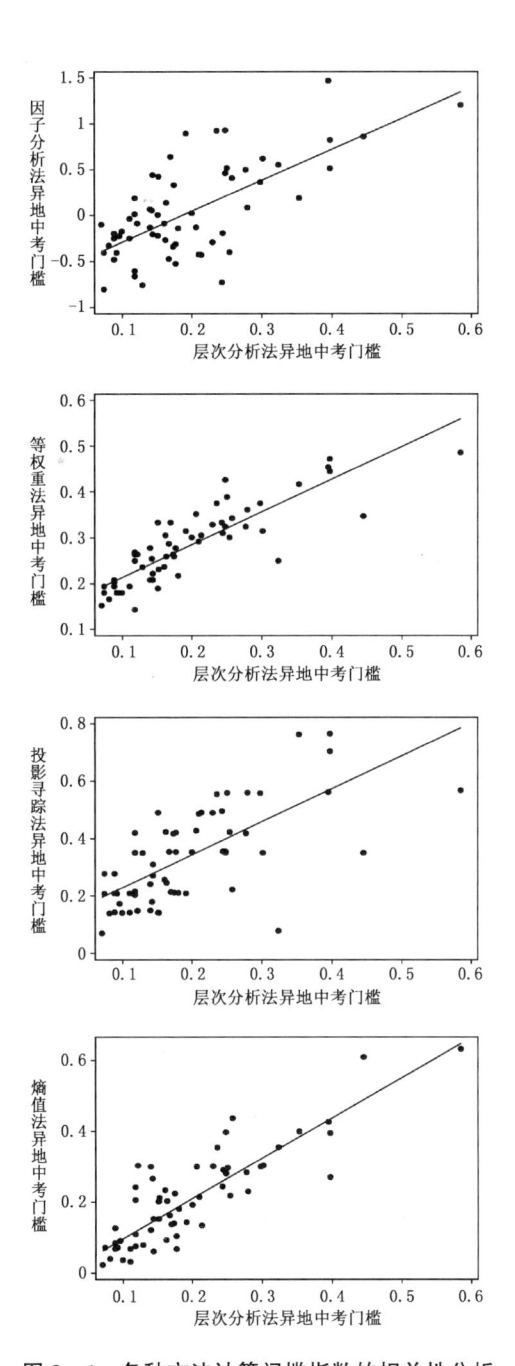

图3—1 各种方法计算门槛指数的相关性分析

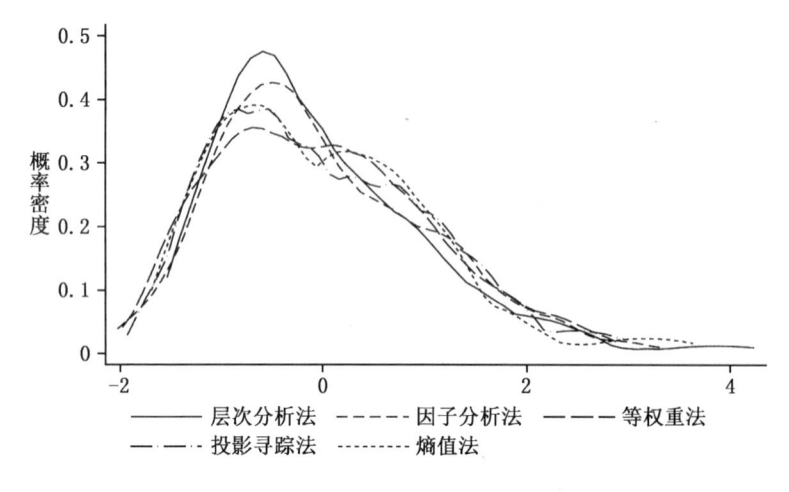

图 3−2　多种方法计算标准化门槛指数的分布

3.8　异地中考门槛指标描述性统计分析

3.8.1　异地中考门槛指数的区域分布

经过以上步骤,我们计算得出 2013—2018 年各城市随迁子女异地中考门槛指数。以 2016 年为例,72 个城市的随迁子女异地中考门槛平均得分为 0.188 7,标准差为 0.102 3,得分超过平均分的有 28 个城市,占 38.89%。72 个城市中北京分数最高,为 0.584 6,合肥分数最低,为 0.069 9。

从区域分布上看,不同类型城市的异地中考门槛差距较大且具有以下三个特征:

第一,异地中考门槛与城市人口规模有关。图 3−3 以城区人口数量为分类标准,采用各类城市 2013—2018 年平均异地中考门槛指数作图,可以发现,超大城市的异地中考门槛最高,特大城市其次,Ⅰ型大城市和Ⅱ型大城市门槛较低,人口数量越多的城市异地中考门槛相对越高,超大城市和特大城市的异地中考门槛达到Ⅰ型和Ⅱ型大城市的 2 倍左右甚至更多。总体上看,异地中考政策较为严格的前 10 个城市中,涵盖了"北上广深"、天津、成都等人口规模大的城市。

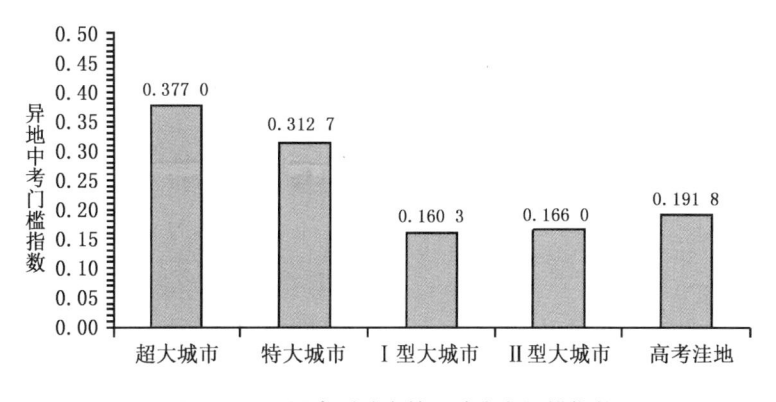

图 3－3　不同类型城市的异地中考门槛指数

第二，异地中考门槛与经济发展水平、教育水平等因素相关。表 3－5 相关性分析表明异地中考门槛与城市人口数量、经济发展水平、就业情况、教育水平等特征均存在显著的正相关关系。异地中考门槛较高的城市主要分布在珠三角、长三角和京津冀地区等经济发达、人口大量流入、优质教育资源丰富的城市，以及一些属于"高考洼地"的中西部省会城市。而一些东北或中部地区的省会城市异地中考门槛较低，如沈阳、武汉、合肥等，这些城市教育资源丰富而人口流入压力较小，因此不需设置较高的异地中考门槛。例如，门槛最低的合肥市 2016 年的异地中考条件仅需要家长持有本市的居住证满 1 年，有经商营业执照或合法的劳动合同即可。

表3—5　2016年异地中考门槛和城市层面其他因素的相关性分析

变量	异地中考门槛	城市常住人口	地区生产总值	失业率	商品房销售价格	第三产业从业人员比重	普通高等学校数	985高校数	211高校数
异地中考门槛	1.000								
城市常住人口	0.354***	1.000							
地区生产总值	0.458***	0.822***	1.000						
失业率	−0.184***	−0.210***	−0.394***	1.000					
商品房销售价格	0.561***	0.454***	0.699***	−0.432***	1.000				
第三产业从业人员比重	0.170***	0.087*	−0.021	0.361***	−0.060	1.000			
普通高等学校数	0.563***	0.435***	0.456***	0.063	0.346***	0.531***	1.000		
985高校数	0.534***	0.503***	0.554***	−0.186***	0.491***	0.477***	0.606***	1.000	
211高校数	0.519***	0.457***	0.501***	−0.187***	0.480***	0.471***	0.566***	0.953***	1.000

注：*、**、***分别表示显著性水平为10%、5%和1%。

数据来源：《中国城市统计年鉴2017》《中国区域经济统计年鉴2017》及2016年各地市国民经济和社会发展统计公报与前文计算的2016年异地中考门槛指数。

第三,异地中考门槛与保护本地儿童高等教育的升学权利有关。一方面,我国中西部一些"高考洼地"省份(一般指新疆维吾尔自治区、西藏自治区、宁夏回族自治区、青海省、云南省、贵州省和海南省),由于考生数量较少及政策优惠的双重原因,本科的录取分数线较低。为防止"高考移民"的恶意涌入,这些城市相较于同等经济发展水平的城市,设置的异地中考政策限制条件会更高。从图3—3可以看出,同样是Ⅱ型大城市①,"高考洼地"城市的异地中考门槛平均值为0.1918,显著高于Ⅱ型大城市异地中考门槛的平均值,也高于Ⅰ型大城市异地中考门槛的平均值。另一方面,由于地区教育资源的不平衡,一些优质高等教育资源丰富的省份和直辖市,为保护本地儿童的升学权利,也会设置较高的门槛。相关性分析显示,异地中考门槛与省内985高校数和211高校数均存在显著的正相关关系,说明异地中考政策作为异地高考的前置政策,有限制"高考移民"、维护本地儿童升学权利的特征。

3.8.2 异地中考门槛指数的时间趋势

从时间趋势上看,图3—4显示,各城市异地中考门槛在2013—2018年间并没有显著下降的趋势。从2013年年初各地市出台异地中考政策开始,各城市在三年过渡期中,异地中考门槛出现缓慢提高的现象,到2016年超大城市明显提高了异地中考的门槛。2017年后,Ⅱ型大城市的政策限制略有放松。可见,《意见》发布后,城市更多的是规范随迁子女参加异地中考的途径与限制条件,并未真正为流动人口子女让渡教育资源,异地中考改革仍需持续推进。

---

① 样本城市中的"高考洼地"均为Ⅱ型大城市。

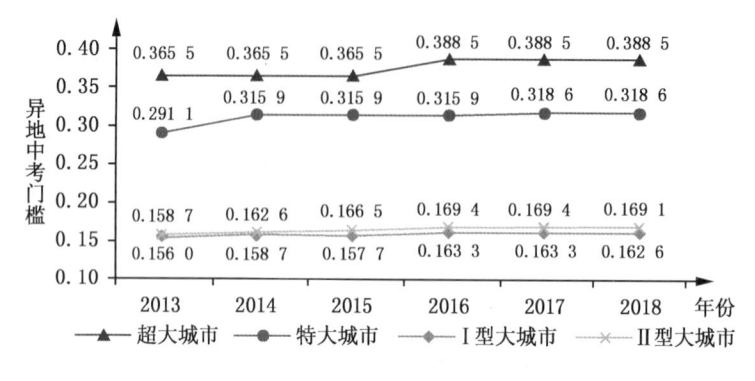

图 3-4 2013—2018 年异地中考门槛指数变化

3.8.3 异地中考门槛指数的统计分布

使用计算出的 2016 年各城市异地中考门槛数据,画出全部城市异地中考门槛分布的箱线图(如图 3-5 所示)。可以发现,仅有北京市的异地中考门槛分数远远高于其他城市,甚至超过了异地中考分数中较高一部分的数值(也就是上四分位数)加 1.5 倍的四分位距(IQR)。简单来说,这说明北京的异地中考门槛在统计上属于一个极端的例外情况。造成这种现象的原因在于,北京市的异地中考条件不仅需要随迁子女具有本市学籍且已在京连续就读初中 3 年;对流动人口家长的要求还包括持有有效期内的北京市居住证、居住登记卡或工作居住证,在京有合法稳定的住所,在京有合法稳定职业已满 3 年,在京连续缴纳社会保险已满 3 年(不含补缴);最重要的是北京不允许随迁子女报考普通高中,只允许其报考职业学校。因此,北京的异地中考门槛远高于其他城市是合理的。

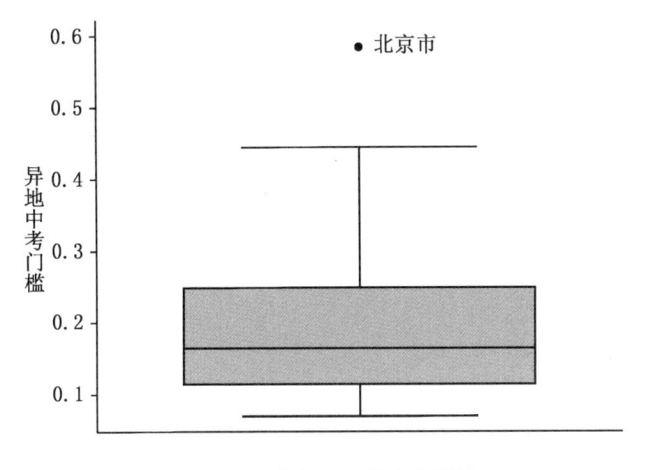

图 3—5 异地中考门槛分布箱线图

第4章 异地中考政策对成人流动的影响[①]

4.1 引言

本章首次从随迁子女升学政策角度揭示了制度限制对于流动人口家庭成人流动决策的影响。已有对流动人口家庭流动决策影响的研究主要聚焦于户籍制度和义务教育入学政策。总体上，这些文献发现户籍限制是我国劳动力流动的巨大障碍，不仅限制了劳动力的流出，高落户门槛带来的移民成本也影响了劳动力的回流(孙文凯等，2011；张吉鹏等，2020)；魏东霞和谌新民(2018)的研究中发现落户门槛并不会增加夫妻分离，但是增加了子女的留守概率；吴贾和张俊森(2020)发现义务教育入学门槛减少家长的流入，也导致子女留守的增加。异地中考政策为流动人口随迁子女在政策层面上设置了异地升学的门槛，本章研究了异地中考政策对成人流动的影响。

研究异地中考政策对成人流动的影响还有助于检验由于使用CMDS数据导致的样本选择性偏差问题。CMDS数据只统计了目前在城市中的流动人口，因此那些在异地中考门槛较高的城市中，许多流动人口家庭可能会因为子女留守在老家而选择不迁移，导致在这些城市中高中入学率较低，家庭在城市中的消费也较少。这导致我们分析中显示的情况更多是因为样本结构不同造成的，而不是政策本身的效果，即可能只是一个组成效应(Composition Effect)。

[①] 本章内容来自：陈媛媛、邹月晴、宋扬.异地中考门槛与流动人口子女的留守[J].经济学(季刊)，2024(1)：119—135.

为了检测这种可能性，这一章具体分析了异地中考门槛对流动人口选择离开原居住城市意愿的影响，还研究了成人个体在面临迁移时可能做出的三种不同选择。通过这种方式，我们希望判断出异地中考政策是否对流动人口的行为产生了真正的影响。

4.2 异地中考门槛对流动人口流出所在城市意愿的影响

本节检验了异地中考门槛对流动人口流出所在城市意愿的影响。成人流动意愿来自 CMDS 2014—2016 中的问题："是否打算在本地长期居住（5 年以上）"，以及 CMDS 2017 中的问题"今后一段时间，您是否打算继续留在本地"和"如果您打算留在本地，您预计自己将在本地留多久"。我们分别定义了两个流出意愿的虚拟变量：当个体不打算在本地居住 5 年以上时，流出意愿 1 取值为 1，否则取 0；当个体不打算在本地居住 5 年以上或者没想好时，流出意愿 2 取 1，否则取 0。估计方程如式(4.1)所示：

$$outcity_{icht} = \beta_0 + \beta_1 threshold_{c,t-1} \times kidgrade_{icht} + \beta_2 kidgrade_{icht} + \beta_3 threshold_{c,t-1} + \beta_4 X_{icht} + \beta_5 Z_{c,t-1} + p_c + c_h + r_t + u_{icht} \quad (4.1)$$

其中，下标 i 表示第 i 个流动人口，c 表示流入地城市，h 表示户籍地省份，t 表示年份。被解释变量 $outcity_{icht}$ 表示流动人口 i 是否有流出所在城市的意愿，当流动人口有 5 年内流出所在城市意愿时取 1，否则取 0。$threshold_{c,t-1}$ 表示滞后一期的城市异地中考门槛。子女年级 $kidgrade_{icht}$ 根据出生年月计算，以当年 9 月 1 日前年满 6 周岁入读小学为准。本节着重关注异地中考门槛与子女年级的交互项系数 β_1。如果 β_1 的符号为正，表明在异地中考门槛越高的城市，流动人口流出所在城市的意愿随年级上升而增加得更多，即异地中考门槛增加了流动人口流出所在城市的意愿。

模型同时控制了个体与家庭特征 X_{icht}，包含子女特征、户主特征和配偶特征。其中子女特征包括子女性别和子女个数；户主特征包括户主年龄、民族、受教育年限、是否有医疗保险、户口性质、流动年限、家庭月收入和月支出①；配偶特征包括配偶是否随迁、配偶年龄、民族、受教育年限和户口性质。考虑到子女留守以及异地中考门槛的设置与流入地城市特征有关，模型中也控制了流入城市特征 $Z_{c,t-1}$，具体包括常住人口、地区生产总值、商品房销售价格、普通高等学校数和城镇登记失业率。同时，模型加入了流入城市固定效应 p_c、户籍所在省份固定效应 c_h 和年份固定效应 r_t，使用流入城市的聚类标准误。

表 4—1 展示了模型(4.1)的估计结果，可以发现，无论使用子女年级与异地中考门槛的交互项，还是初中阶段与异地中考门槛的交互项，估计系数均接近于零，且在统计上不显著，说明随子女年级的上升，家长流出意愿受异地中考门槛的影响没有发生显著变化。图 4—1 展示了子女年级虚拟变量与异地中考门槛交互项的回归系数，同样发现随子女年级上升，异地中考门槛对家长流出意愿的影响并没有发生显著变化。

表 4—1　异地中考门槛对流动人口流出所在城市意愿的影响

因变量：	流出意愿1 (1)	流出意愿1 (2)	流出意愿2 (3)	流出意愿2 (4)
子女年级×异地中考门槛	0.001 (0.002)		0.002 (0.004)	
初中阶段×异地中考门槛		−0.004 (0.012)		0.004 (0.021)
子女年级	0.001* (0.001)		0.001 (0.001)	
初中阶段		0.005 (0.004)		0.006 (0.007)
异地中考门槛	0.030 (0.039)	0.035 (0.039)	0.144 (0.174)	0.153 (0.173)
样本数	91 973	91 973	91 973	91 973

---

① 将教育程度转换为相应的受教育年限；当个体至少参加一种医疗保险时，视为有医疗保险。

续表

因变量:	流出意愿1		流出意愿2	
	(1)	(2)	(3)	(4)
R^2	0.042	0.042	0.178	0.178
个体与家庭特征	是	是	是	是
流入城市特征	是	是	是	是
流入城市固定效应	是	是	是	是
户籍所在省份固定效应	是	是	是	是
年份固定效应	是	是	是	是

注：*、**、***分别表示显著性水平为10%、5%和1%；括号中为流入城市层面的聚类稳健标准误。

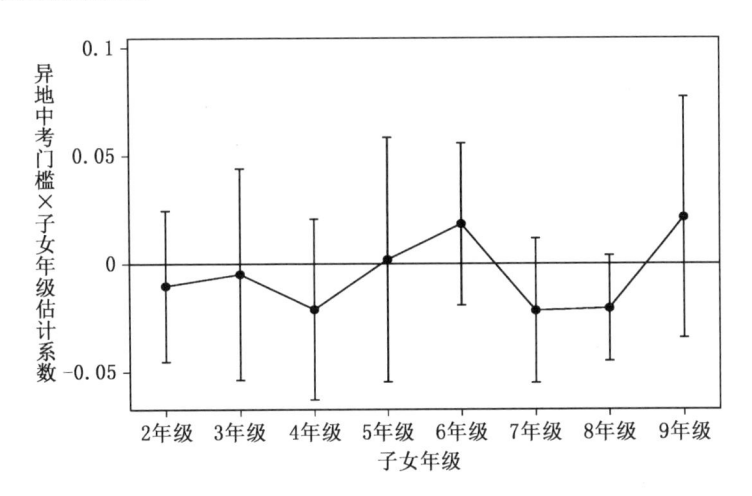

图4—1 异地中考门槛对流动人口流出意愿的影响（CMDS 2014—2017）

4.3 异地中考门槛对成人实际流动的影响

随着子女年级的上升，异地中考门槛可能导致部分重视亲子陪伴和子女教育的父母为了让子女继续接受教育，做出以下三种选择：第一，已迁移的个体举家离开现流入地城市，返回户籍地或迁入异地中考门槛较低的城市;第二,将要迁移的个体预期到未来子女面临的异地中考问题,从户籍地直接迁入异地中考门槛较低的城市;第三,不离开户籍地。为了检验这些可能性,本节采用 2015 年 1‰ 人口抽样调查数据,分别检验异地中考门槛对成人个体迁移的这三种选择的影响。

第一,为检验异地中考门槛对成年流动人口实际迁出所在城市的影响,我们使用 2015 年 1‰ 人口抽样调查数据,将样本限定在 2014 年子女处于义务教育阶段且流动的人口,研究其 2014 年所在城市异地中考门槛对其 2015 年是否流出该城市的影响。模型设定如式(4.2):

$$outcity_{icht} = \beta_0 + \beta_1 threshold_{c,t-1} \times kidgrade_{icht} + \beta_2 kidgrade_{icht} + \beta_3 threshold_{c,t-1} + \beta_4 X_{icht} + \beta_5 Z_{c,t-1} + r_c + \delta_h + u_{icht} \quad (4.2)$$

其中,$outcity_{icht}$ 表示劳动力 i 是否从一年前流入城市 c 迁出的虚拟变量,$threshold_{c,t-1}$ 表示劳动力一年前流入城市 c 的异地中考门槛,$kidgrade_{icht}$ 表示子女年级。模型中控制了家庭特征变量 X_{icht},一年前流入城市特征变量 $Z_{c,t-1}$,一年前流入省份的固定效应 r_c 和户籍所在城市固定效应 δ_h,使用一年前流入城市的聚类标准误。

表 4-2 报告了异地中考门槛对成年流动人口实际迁出城市决策的估计结果。列 1~2 中异地中考门槛和子女年级(或初中阶段)的交互项系数均不显著,表明随子女年级的上升,成人流动受异地中考门槛的影响没有发生显著变化。图 4-2 展示了子女年级与异地中考门槛交互项的估计系数,同样可以发现随子女年级上升,异地中考门槛对家长实际迁出所在城市的影响并没有发生明显变化。

表 4-2　　　　异地中考门槛对流动人口流出所在城市的影响

因变量:是否流出一年前所在城市	(1)	(2)
子女年级×一年前所在城市异地中考门槛	0.002 (0.004)	
初中阶段×一年前所在城市异地中考门槛		0.010 (0.025)
子女年级	−0.001 (0.001)	

续表

因变量：是否流出一年前所在城市	(1)	(2)
初中阶段		−0.003 (0.007)
一年前所在城市异地中考门槛	0.525 (0.473)	0.535 (0.475)
样本数	5 478	5 478
R^2	0.926	0.926
个人与家庭特征	是	是
一年前流入城市特征	是	是
现在所在城市固定效应	是	是
户籍所在省份固定效应	是	是

注：*、**、***分别表示显著性水平为10%、5%和1%；括号中为一年前流入城市层面的聚类标准误。

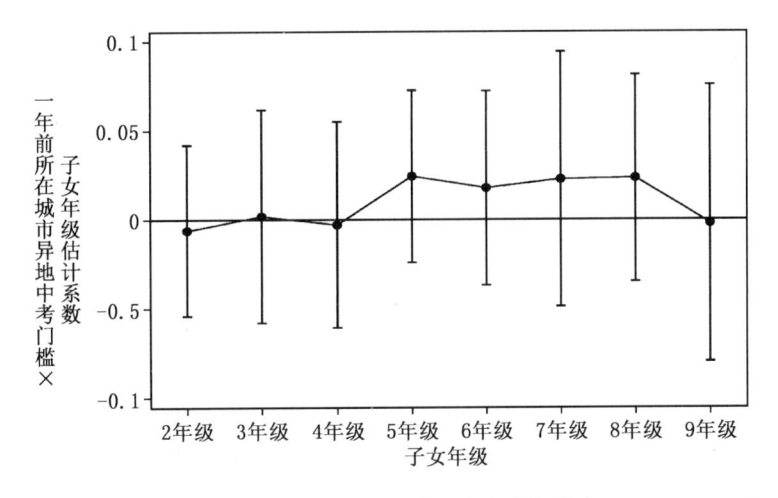

图4—2 异地中考门槛对流动人口流出所在城市的影响（CENSUS 2015）

第二，关于异地中考门槛对个体选择流入城市的影响。考虑到流动人口的选择空间是所有可能的城市，参考夏怡然和陆铭（2015）的研究，表4—3列1~2将样本限定于2015年在外流动的个体，检验随子女年级变化，异地中考门槛对流入城市选择的影响是否发生变化。具体采用条件logit模型，设定如式（4.3）：

$$P(chosen_{ict}=1)=$$

$$\frac{exp\ (\beta_1 threshold_{ic,t-1}\times kidgrade_{it}+\beta_2 threshold_{ic,t-1}+\beta_3 Z_{ic,t-1})}{\sum_{c=1}^{C}exp\ (\beta_1 threshold_{ic,t-1}\times kidgrade_{it}+\beta_2 threshold_{ic,t-1}+\beta_3 Z_{ic,t-1})}$$

(4.3)

其中,每个个体 i 都面临 c 个城市的选择集,$chosen_{ict}$ 表示个体 i 选择流入城市 j 的虚拟变量。$threshold_{ic,t-1}$ 表示个体 i 可选城市 c 滞后一期的异地中考门槛,$kidgrade_{it}$ 表示子女年级,$Z_{ic,t-1}$ 表示个体 i 可选城市 c 滞后一期的其他特征,模型中控制了省份固定效应。使用异地中考门槛和子女年级交互项来识别随子女年级变化,异地中考门槛对劳动力选择流入城市的影响。列 1~2 结果显示,随子女年级上升,城市异地中考门槛对流动人口城市选择的影响没有发生显著变化。同时,IIA(独立于无关选项,Independence of Irrelevant Alternatives,IIA)检验的结果中剔除某一选项后统计结果没有显著变化(P 值大于 0.1),不能拒绝 IIA 的原假设,说明条件 logit 估计具有可信度。

第三,为了分析政策对居住在户籍地的个体选择是否外出的影响。表 4-3 列 3~4 使用 2015 年 1‰人口抽样调查数据,将样本限定在有义务教育阶段子女且一年前(2014 年)在户籍地的个体,检验子女年级对现在(2015 年)其是否外出的影响,具体模型设定如式(4.4):

$$outcity_{ict}=\beta_0+\beta_1 kidgrade_{ict}+\beta_2 X_{ict}+r_c+u_{ict}$$ (4.4)

其中,$outcity_{ict}$ 表示被个体 i 是否从户籍所在城市 c 流出的虚拟变量,$kidgrade_{ict}$ 表示子女年级。模型中控制了个体与家庭特征 X_{ict},户籍所在城市固定效应 r_c,使用户籍所在城市的聚类标准误。表 4-3 列 3~4 结果显示,子女年级和初中阶段的系数均显著为正,说明随子女年级上升,家长外出的概率逐渐增大,因子女可能面临的异地中考问题而选择不流出户籍地的情况并不普遍。[①] 这一方面是由于随着子女年龄的增

---

① 考虑到父母流入地选择的距离因素,使用多元 logit 模型,以家长不流动作为基准组,检验子女年级对父母省内流动和跨省流动的影响。结果表明随子女年级上升,家长选择流出所在城市的概率增大,且选择跨省流动的概率增加更多。

长,其对家长的依赖程度下降,亲子分离的成本降低;另一方面是由于子女未来高中和大学的学费等带来的经济压力,家长外出的概率上升。

表 4—3　异地中考门槛对成人流入地城市选择与是否流出户籍地的影响

因变量:	选择流入城市		是否流出户籍所在城市	
	(1)	(2)	(3)	(4)
子女年级×异地中考门槛	−0.015 (0.027)			
初中阶段×异地中考门槛		−0.094 (0.143)		
子女年级			0.001** (0.000)	
初中阶段				0.005* (0.002)
异地中考门槛	−0.138 (0.448)	−0.179 (0.429)		
样本数	586 347	586 347	27 489	27 489
(Pseudo)R^2	0.176	0.176	0.873	0.873
Log likelihood	−37 264.851	−37 264.783		

注:*、**、***分别表示显著性水平为10%、5%和1%;列1～2控制了流入城市特征和省份固定效应,汇报的是条件logit模型估计的平均概率弹性;列3～4控制了个体与家庭特征变量和户籍所在城市固定效应,括号中为户籍所在城市层面的聚类标准误。

以上结果均表明,随子女年级上升,成年流动人口的流动决策受异地中考门槛的影响没有显著变化,因此异地中考门槛对流动人口家庭儿童留守、高中入学以及家庭消费影响的结果,并不是由于成人流动导致的样本自选择偏误造成的。随子女年级的上升,成人流动受异地中考门槛的影响不会发生变化,与以下原因有关:第一,成年流动人口的迁移主要与流入地城市的收入水平和就业机会有关,城市的公共服务水平并不是吸引他们进入城市的主要动因(魏东霞和谌新民,2018);即使有劳动力选择回流,受制于迁出地禀赋,大部分仍会选择再次迁往城市,一直留在家乡的概率并不高(王子成和赵忠,2013)。第二,随子女年龄的增长,其独立性更强,对父母依赖程度下降(Smetana,2011),入读寄宿制学校的选择也有所增加[①],寄宿教育在一定程度上缓解了留守儿童无人照看、学习和安全得不到保障的问题,减轻了留守儿童家长的"后顾之忧"(Curto & Fryer,2014);并且随着子女年龄增长和家庭经济压力增大,因此父母更容易为了高收入而不得不继续待在大城市务工。最后,需要指出的是,本章的实证结果并不表明异地中考门槛对成人流动完全没有影响,如果成人早在孩子义务教育阶段之前就做出流动决策,本文的模型将无法识别。

[①] 据教育部统计数据显示,截至 2017 年年底,我国农村小学生寄宿率为 14.4%,农村初中生寄宿率为 58.6%。数据来源:教育部基础教育司司长吕玉刚.《国务院办公厅关于全面加强乡村小规模学校和乡镇寄宿制学校建设的指导意见》情况介绍[EB/OL]. http://www.moe.gov.cn/jyb_xwfb/xw_fbh/moe_2069/xwfbh_2018n/xwfb_20180511/sfcl/201805/t20180511_335602.html,访问日期:2024 年 12 月 26 日。

第 5 章 异地中考政策对儿童留守的影响[①]

5.1 研究背景

异地中高考政策的目的是着眼于流动人口随迁子女的升学需求,调整相应准入条件,使更多的流动人口子女能够享有平等的受教育权利。门槛的制定很大程度上与城市现有的教育资源配置和人口流入压力有关,即使在相同省份内部,不同城市之间的异地升学政策仍存在很大差异(吴霓,2012)。同时,绝大部分省份对于异地高考政策的制定,都要求随迁子女在本地有 3 年高中学籍,因此对于异地高考的限制,大多落在对异地中考的限制上,是否能在流入地参加中考成为更前置的问题(吴霓,2018)。但各城市在异地中考政策设计时,往往存在准入条件设定过高的情况,与流动人口的实际诉求仍有较大差距(吴霓和朱富言,2014;张珊珊,2015)。其中,家长居住证和子女学籍是最基本的条件,还有相当一部分城市规定,家长需有稳定就业、稳定住房和社保缴纳证明,但仅连续缴纳多年社保一条要求,就堵住了一大批随迁子女的异地中考路。受制于有限的教育资源承载能力,城市也难以在短时间降低异地中考门槛以满足流动人口的权益(韩昱洁,2021)。

当流动人口子女面临升学限制时,让子女"随迁"还是"留守"是每个流动人口家庭都要面临的两难选择。一方面,随着儿童年级上升,不能满足异地中考要求、但有升学需求的儿童只得返乡读书或在当地就读民办

[①] 本章内容来自:陈媛媛、邹月晴、宋扬.异地中考门槛与流动人口子女的留守[J].经济学(季刊),2024(1):119-135.

高中。民办高中学费高且学位少,流动人口家庭大多难以承担,因此这些儿童只能选择返乡读书。另一方面,在子女需回户籍地上学时,家长在城乡收入差异和亲子分离的成本之间做权衡,决定是否随子女返乡。已有大量研究发现,成年流动人口的迁移主要与流入地城市的预期高收入和就业机会有关,教育、医疗等公共服务在劳动力流动中的作用小于就业机会和工资(夏怡然和陆铭,2015);并且随子女年龄的增长,其独立性更强,对父母依赖程度下降(Smetana,2011),入读寄宿制学校的选择也有所增加;同时家庭经济压力增大,父母更容易为了高收入选择留在城市。因此,异地中考门槛对子女返乡的影响可能会大于对成人返乡的影响,最终导致儿童留守的现象。根据新公民计划发布的《中国流动人口子女发展报告2020》,2019年末全国共有留守儿童6 379万人,留守儿童问题依然严峻。而儿童留守不仅会使亲子间情感纽带松弛,还会对儿童的人力资本的积累、身心健康和安全等方面产生负面影响,甚至引发犯罪、赌博等不良行为,不利于我国推动社会经济的高质量发展(胡枫和李善同,2009;谭深,2011;Zhang et al.,2014;Zhao et al.,2014;孙文凯和王乙杰,2016)。现阶段我国留守儿童数量仍居高不下,破解随迁子女在流入地的教育困境是问题解决的根源。

在实证检验中,本章结合2014—2017年流动人口动态监测调查(CMDS)数据,分析异地中考门槛对义务教育阶段流动人口子女留守的影响。结果显示,异地中考门槛越高的城市,流动人口子女年龄越接近中考时,留守的概率越高。如果不考虑政策调整的一般均衡效应,以2016年的门槛指标测算,若超大城市将门槛降到其他城市的水平,超大城市流动人口子女小升初阶段的留守概率将下降3.78%,占其小升初阶段儿童留守比例总体增加幅度的32.73%;若超大城市完全放开异地中考限制,则小升初阶段儿童留守比例增加幅度将下降60.47%。同时,异地中考政策具有技能偏向的特征,对受教育程度较低、收入水平较低的家庭影响更大。最后,我们对异地中考的限制条件进行拆解,重点分析了报名的身份限制和报考学校限制的影响,结果显示,身份条件限制与普高报名限制均会显著增加儿童留守的概率,但若面临不能报考重点高中或随迁子女报考分数与本地生要求不同等其他报考学校限制,家长还是会让子女继续留在身边。

与以往的研究相比,本章的创新在于以下两点:

第一,本章首次从随迁子女升学政策的角度探究影响儿童留守的制度因素。魏东霞和谌新民(2018)发现城市落户门槛通过影响教育资源可得性,提高了流动人口子女留守的概率。吴贾和张俊森(2020)进一步证实了与户籍制度挂钩的随迁子女义务教育入学限制是儿童留守的重要影响因素。然而,落户门槛与义务教育入学门槛都无法解释流动人口子女初中留守概率高于小学的现象。高中属于非义务教育阶段,异地中考门槛不仅会使面临升学问题的子女成为留守儿童,影响身心健康,还可能因为阻碍子女升学,对其人力资本积累造成负面影响,进一步加剧阶层的固化。本章以异地中考为切入点,在探究影响儿童留守制度因素的同时,直击随迁子女教育制度改革的重难点,反映流动人口家庭的实际诉求,为解决我国儿童留守问题提供了切实有效的政策思路。

第二,本章的实证结果对于探讨流动人口子女教育政策与人力资本积累不平等关系的文献有重要的补充作用,同时对推动我国教育公平的实现有着重要的政策含义。制度限制对教育公平的影响是众多文献关注的焦点(魏东霞和谌新民,2018;Huang,2020;Sieg et al.,2023),在中国二元户籍分割背景下,流动人口子女面临教育起点公平度低、扶贫招生覆盖面小、异地中高考政策门槛高且具有流入地本位倾向等诸多现实困局(卢伟和褚宏启,2017),而初中升高中的机会不平等是教育分层的关键所在(李春玲,2014)。本章实证分析表明,异地中考政策限制了流动人口子女公平获得高中教育的机会,使得一些流动人口子女不得不返乡留守,进而损害其人力资本积累,造成跨阶层的人力资本流动障碍。本章通过探究异地中考政策、儿童留守以及人力资本积累不平等的代际持续性之间的内在联系,从政策的角度探讨不平等的影响机制,对维护教育公平、阻断贫困代际传递路径、扎实推进共同富裕具有重要的政策意义。

5.2 理论模型

为聚焦于异地中考门槛对家庭流动决策的影响,本章着重考虑子女在流入地城市接受义务教育的流动人口家庭,在子女小学和初中期间的流动决策。为集中讨论升学政策的影响,模型只考虑家长为了让子女上高中而做的流动选择。

假设每个流动人口家庭有一个家长和一个子女,家长通过选择子女返乡的时间 S 与自己返乡的时间 S' 来实现家庭效用的最大化,其中家庭效用包括家长与子女的效用。[①] 如果家长选择在子女 S 年级时将其送回老家,那么子女在流入地城市上学的时间为 S,在户籍地上学的时间为 $(T-S)$,$T=9$,且 $S \leqslant T$。假设子女在城市时,家长不会返乡,子女返乡后家长留在城市的时间为 t,则家长在流入地城市的时间为 $(S'=S+t)$,在户籍地的时间为 $(T-S-t)$,其中 $S+t \leqslant T$ 且 $t \geqslant 0$。

参考吴贾和张俊森(2020)的模型设定,流动人口家庭的效用方程可以简单地写为式(5.1):

$$U = Benefit - Cost \tag{5.1}$$

家庭的收益方程包括家长的工资、子女受教育的收益以及亲子团聚的收益,如式(5.2):

$$Benefit = w_c(X)(S+t) + w_v(X)(T-S-t) + m_c S + m_v(T-S) + R(T-t) \tag{5.2}$$

其中,假设流入地城市的工资水平 w_c 高于户籍地的工资水平 w_v,X 为个人的技能水平,$w_c(X)(S+t) + w_v(X)(T-S-t)$ 表示家长总工资收入。子女的实际教育收益包括子女在城市就读时间 S 所获得的教育收益 $m_c S$ 与在农村就读时间 $(T-S)$ 所获得的教育收益 $m_v(T-S)$,这里假设流入地城市的教育质量更高,即 $m_c > m_v$。$R(T-t)$ 表示亲子团

[①] 这里的返乡可以泛化为迁移到其他城市,结论不变。

聚的收益。①

家庭的成本方程包括家庭在流入地城市的生活成本，子女教育成本以及子女返回户籍地的预期学习和心理成本，如式(5.3)：

$$Cost = L + B + P \tag{5.3}$$

其中，L 为家庭的实际生活成本，B 为子女的实际教育成本。假设家长与子女单位时间的生活成本相等，则 $L = l_c(2S+t) + l_v(2T-2S-t)$，$B = b_c S + b_v(T-S)$，其中 l_c 和 l_v 分别表示在流入城市和家乡单位时间的生活成本，b_c 和 b_v 分别表示在流入城市和家乡单位时间的子女教育成本，$l_c > l_v$、$b_c > b_v$。P 表示子女返回户籍地上学时，因在流入地城市与参加中考城市接受教育的不同，需要重新适应教学进度、教学内容等而产生的预期学习和心理成本。当子女返乡年级越高，离中考越近，适应新教学环境的难度会越大，即每年学习和心理成本为 $p(S)$，且 $\mathrm{d}p(S)/\mathrm{d}S > 0$。同时，预期的学习和心理成本与子女不能参加异地中考的概率 $\eta(q,X)$ 有关，当城市异地中考门槛 q 越高时，子女不能在流入地城市参加异地中考的概率 η 越高；考虑到异地中考门槛通常是技能偏向的，当家长个人能力 X 越低，其子女不能在流入地城市参加中考的概率越高。为简单起见，假设 $\eta(q,X) = q/X$。因此预期学习与心理成本的期望可以写为式(5.4)：

$$P = \eta(q,X) \times p(S) \times S \tag{5.4}$$

因为家长在考虑自己流动决策时必然考虑子女问题。一般情况下，义务教育阶段的流动人口子女会和父母同时或者早于父母返乡。因此假设家长先确定子女的返乡时间，再确定自己的返乡时间。② 第一步，家长

---

① 为了简化，这里假设亲子团聚的单位时间收益不随子女年龄而变化。但根据 Heckman(2006)，子女年龄越小，认知和非认知能力成长受家长的影响更重要，如果假设家庭团聚收益随子女年龄变大而逐年减小，那么异地中考政策更容易导致出现子女随年龄增长留守概率增加的现象。

② 这里使用了逆向归纳(Backward Induction)的方法，先计算子女返乡时间，再决定父母返乡时间，这样有助于表达出流动人口做出返乡决策时的成本和收益函数，但实际上这些决策可能是同时做出的。

确定子女最优的返乡时间 S 以最大化家庭效用。将式(5.1)、(5.2)和(5.3)分别对子女年级 S 求导,计算边际收益和边际成本,并得出边际效用,如式(5.5)、(5.6)、(5.7):

$$\frac{\mathrm{d}U}{\mathrm{d}S} = MR - MC \quad (5.5)$$

$$MR = [w_c(X) - w_v(X)] + (m_c - m_v) \quad (5.6)$$

$$MC = 2(l_c - l_v) + (b_c - b_v) + \frac{q}{X}p(S) + \frac{q}{X}\frac{\mathrm{d}p(S)}{\mathrm{d}S}S \quad (5.7)$$

图 5-1 描述了流动人口家庭的边际收益线和边际成本线,其中纵轴表示边际效用,横轴表示子女年级 S(1~9 年级)。可以看出,随着子女年级上升,流动人口家庭边际收益不变,边际成本增加,边际效用先增加后减小,当边际收入等于边际成本时,家庭效用最大,这时子女返乡的最优年级为式(5.8):

$$s^* = \frac{[w_c(X) - w_v(X)] + (m_c - m_v) - 2(l_c - l_v) - (b_c - b_v) - \frac{q}{X}p(S)}{\frac{q}{X}\frac{\mathrm{d}p(S)}{\mathrm{d}S}}$$

(5.8)

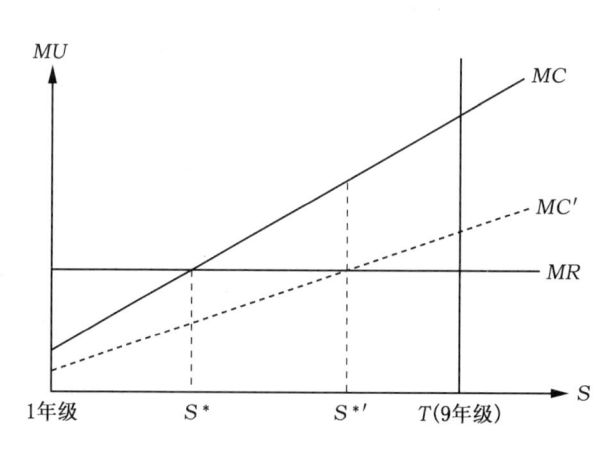

图 5-1 流动人口子女留守选择

假设初始状态的边际成本为 MC,子女返乡的年级为 s^*。控制其他条件不变,当异地中考门槛 q 下降时,边际成本线 MC 斜率和截距项减小,向右下移动至 MC',最优返乡年级由 s^* 变为 $s^{*'}$,子女更晚返乡;当异地中考门槛下降至一定程度时,边际收益线与边际成本线交点可能在 T 之后,此时子女无需返乡。同理,当流动人口个人能力 X 越强,相对生活成本 (l_c-l_v)、相对教育成本 (b_c-b_v) 或学习与心理成本 $p(S)$ 减少时,边际成本线 MC 的斜率和截距项减小,子女回户籍地读书的年级 s^* 也变大。当相对工资 $[w_c(X)-w_v(X)]$ 和相对教育质量 (m_c-m_v) 增大时,边际收益线截距项增加,MR 曲线向上移动,子女返乡年级 s^* 变大。

与现实更贴近的情况是,异地中考政策随时间推移发生变化,流动人口在子女返乡决策中获得的信息往往是不全面的,很难在子女低龄时正确判断流入地城市的具体异地中考门槛,无法正确预期若干年后异地中考限制给家庭带来的影响(Simon,1955;吴霓,2018)。流动人口的迁移行为存在一定的惯性和现状偏差,其未必能确切地选在 s^* 时让子女返乡,这时子女返乡的潜在概率与 MC 与 MR 的差成正比:

$$MC-MR = 2(l_c-l_v)+(b_c-b_v)+\frac{q}{X}p(S)+\frac{q\times S}{X}\frac{\mathrm{d}p(S)}{\mathrm{d}S}$$
$$-[w_c(X)-w_v(X)]-(m_c-m_v) \qquad (5.9)$$

式(5.9)表明,子女返乡的概率随子女年级的上升而增加,且与 $q\times S$ 成正比,即在门槛越高的城市,子女返乡的概率随子女年级的上升增加得越多。

第二步,在确定了子女的返乡决策后,家长考虑自己的返乡时间 t 的选择。将式(5.1)、(5.2)和(5.3)对 t 求导得到式(5.10):

$$\frac{\mathrm{d}U}{\mathrm{d}t}=[w_c(X)-w_v(X)]-(l_c-l_v)-R \qquad (5.10)$$

可以发现,家长的返乡概率与这三个因素有关:流入地与户籍地的相对工资差异 $[w_c(X)-w_v(X)]$、相对生活成本 (l_c-l_v) 和家庭团聚平均收益系数 R。当流入地与户籍地的相对工资差距越大时,边际效用越

大,家长返乡时间越晚,返乡概率越小;当相对生活成本差距增大或家长更重视亲子陪伴时,边际效用越小,家长返乡时间越早,返乡概率越大。因此,当边际效用为负时,家长会选择与孩子一同返乡,其概率表示为 $P(家长返乡|子女返乡)=P[w_c(X)-w_v(X)-(l_c-l_v)-R<0]$;反之,当边际效用为正时,家长返乡时间越晚效用越大,这时家长不会返乡,子女成为留守儿童,其概率表示为 $P(家长不返乡|子女返乡)=P[w_c(X)-w_v(X)-(l_c-l_v)-R>0]$。

最终,流动人口子女留守的概率根据条件概率的公式可以推算为式(5.11):

$$P(子女留守)=P(子女返乡|家长不返乡)$$
$$=1-\frac{1}{\frac{1}{\frac{1}{MC-MR}-1}\times P\left(\frac{\mathrm{d}U}{\mathrm{d}t}>0\right)+1} \quad (5.11)$$

可以看出,子女留守的概率随异地中考门槛指数 q、子女年级 S 的上升而增加,与异地中考门槛和子女年级的交互项 $q\times S$ 正相关,即在异地中考门槛越高的地区,随迁子女随年级上升留守概率增加的现象越明显。同时,当流动人口能力 X 越低,异地中考门槛使得留守的概率增加得越大;当流入地与户籍地的相对教育成本 (b_c-b_v) 和家庭团聚收益系数 R 减小时,儿童留守的概率增加;但当两地的相对工资水平 $[w_c(X)-w_v(X)]$ 与相对生活成本 (l_c-l_v) 增加时,子女返乡概率减少,家长返乡概率也减少,子女留守概率的变化方向不确定。

需要说明的是,父母可能会提前考虑到子女将来面临的异地中考问题,在子女义务教育阶段前就衡量收益与成本后做出是否流入某个城市的决策,这时,该理论模型仍可以用来解释家庭的流动决策。假设家庭可以满足义务教育入学政策,但是可能无法满足异地中考政策的要求,父母在孩子义务教育入学前要做出流动决策。家庭流动决策的可能性如图 5—2 所示,具体存在以下几种情况:

(1)如果父母考虑到子女留守后父母的最优选择是返乡($\mathrm{d}U/\mathrm{d}t\leqslant$

0),且流入某城市后,子女会因为面临异地中考问题,义务教育阶段初期就会留守($s^* \leq 0$),这时父母会选择不流入该城市。

(2)如果父母考虑到子女留守后父母的最优选择是返乡($dU/dt \leq 0$),且流入某城市后,子女最优的返乡时间$s^* > 0$,那么父母会选择流入该城市,同时期初也会将子女带在身边,若$s^* \leq 9$,父母会在子女年级为s^*时和子女一起返乡,若$s^* > 9$,父母会在子女整个义务教育阶段与子女一起待在流入地城市。

(3)如果父母考虑到即使子女留守,其最优决策依然是继续流动($dU/dt > 0$),那么父母都会选择流入并且一直待在该城市。此时如果子女最优返乡年级$s^* \leq 0$,则子女期初留守,并在整个义务教育阶段一直留守。

(4)如果父母考虑到即使子女留守,其最优决策依然是继续流动($dU/dt > 0$),那么父母都会选择流入并且一直待在该城市。如果子女最优返乡年级$0 < s^* \leq 9$,则子女会在期初跟父母随迁,在s^*年级时返乡留守,如果$s^* > 9$,子女会在整个义务教育阶段一直随迁待在父母流入地城市。

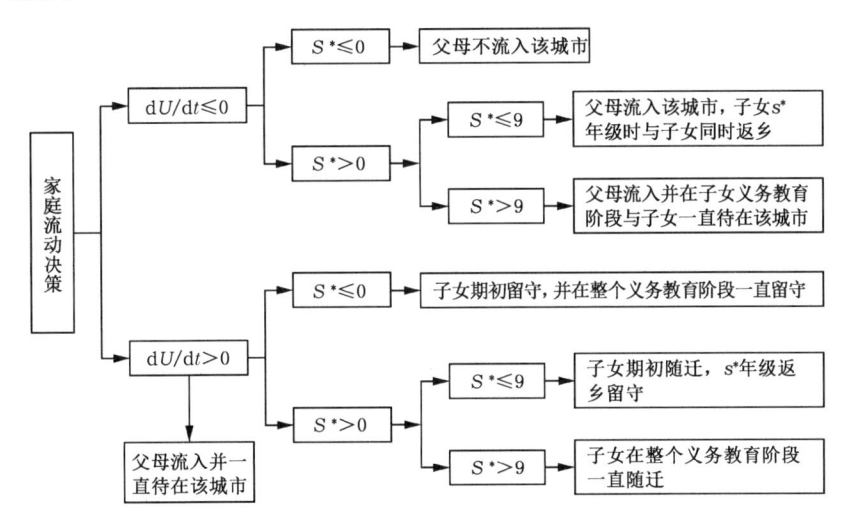

图 5-2 流动人口家庭流动决策

5.3 实证模型

5.3.1 计量模型

识别异地中考政策对儿童留守的影响面临的最主要挑战是,异地中考门槛与城市的很多特征或其他政策等不可观测的因素相关,如果单独对该政策做回归可能存在遗漏变量引起的估计偏差。本章利用异地中考政策与其他政策差别,即当儿童越接近中考时,该政策的影响越大[①],而城市的其他特征或者政策对子女留守的影响不会随着子女年级的上升而增加。因此,为识别异地中考门槛对流动人口子女留守决策的影响,模型中加入年级与门槛的交互项,设定模型如式(5.12)[②]:

$$kid\_leftbehind_{icht} = \beta_0 + \beta_1 threshold_{c,t-1} \times kidgrade_{icht} + \beta_2 kidgrade_{icht} \\ + \beta_3 threshold_{c,t-1} + \beta_4 X_{icht} + \beta_5 Z_{c,t-1} + p_c + c_h + r_t \\ + u_{icht} \tag{5.12}$$

其中,下标 i 表示第 i 个子女,c 表示流入地城市,h 表示户籍地省份,t 表示年份。被解释变量 $kid\_leftbehind_{icht}$ 是子女 i 是否留守的虚拟变量,当该子女与被调查的家长不住在一个城市时取 1,否则取 0。城市异地中考门槛 $threshold_{c,t-1}$ 取滞后一期,这是因为 CMDS 数据于每

[①] 中考门槛的影响随年龄的增长有所增加主要有两方面的原因:第一,在孩子很小的时候,家长对于政策的了解可能不是很深入,并且当政策影响的时间点还比较遥远的时候,往往这种预期的影响会比较弱。根据 Trope 和 Liberman(2010)提出的解释水平理论(Construal Level Theory,CLT),一个物体离个体越远(包括时间距离),它就会越抽象,而离个体越近,它就会越具体;第二,政策随着时间也在不断变化,不排除一些家长期望等孩子到中考年龄会发生政策上的放松。因此,随着子女年级上升,距离中考越来越近,家长会越来越清晰地意识和感受到异地中考政策的影响,异地中考政策的影响也会越来越大。

[②] 部分职业高中(尤其是民办的职业学校)的入学不以参加中考为前提条件,这一情况会使得部分流动人口子女在达不到异地中考门槛时也可以报考这些职业高中,进而在父母身边读书而不选择留守,导致本文基准模型低估异地中考门槛对子女留守的影响。

年 5 月调查,这时子女留守与否取决于上一年的异地中考政策。① 子女年级 $kidgrade_{icht}$ 根据出生年月计算,以当年 9 月 1 日前年满 6 周岁入读小学为准。本章着重关注异地中考门槛与子女年级的交互项系数 β_1。如果 β_1 的符号为正,表明在异地中考门槛越高的城市,子女留守的概率随年级上升而增加得更多,即异地中考门槛增加了流动人口子女的留守概率。

由于子女留守的决策与父母技能、家庭经济情况等均有关,模型同时控制了个体与家庭特征 X_{icht},包含子女特征、户主特征和配偶特征。其中子女特征包括子女性别和子女个数;户主特征包括户主年龄、民族、受教育年限,是否有医疗保险、户口性质、流动年限、家庭月收入和月支出②;配偶特征包括配偶是否随迁、配偶年龄、民族、受教育年限和户口性质。考虑到子女留守以及异地中考门槛的设置与流入城市特征有关,模型中也控制了流入城市特征 $Z_{c,t-1}$,具体包括常住人口、地区生产总值、商品房销售价格、普通高等学校数和城镇登记失业率。同时,模型加入了流入城市固定效应 p_c、户籍所在省份固定效应 c_h 和年份固定效应 r_t。由于子女留守决策在同一个流入地城市内部存在相关性,模型使用流入城市的聚类标准误。

5.3.2 数据说明

本章主要使用 2014—2017 年流动人口动态监测调查数据(CMDS)③,该数据是全国性流动人口抽样调查数据,覆盖 31 个省(区、市)中流动人口较为集中的流入地城市。城市层面的数据来自《中国城市统计年鉴》《中国区域经济统计年鉴》《中国城市建设统计年鉴》和《国民经

---

① 这里假设家长会根据最近一年的异地中考政策对子女是否留守做出选择。考虑到子女转学的成本和信息的滞后因素,稳健性检验中采用子女小学或初中入学时的异地中考门槛或改变异地中考门槛的滞后期数,结果仍然稳健。

② 将教育程度转换为相应的受教育年限,当个体至少参加一种医疗保险时,视为有医疗保险。

③ 未使用 CMDS 2018 数据的原因是 2018 年没有流动人口户籍地省份的信息。

济和社会发展统计公报》。

基准回归中的样本使用2016年城区人口数量在100万以上的72个城市,限定流动人口子女为1至9年级,家长样本中仅包括已婚家长,并剔除生活不能自理、在流入地城市不到半年的个体。由于城市内部流动的人口不受异地中考政策的影响,本章仅包括跨市流动的样本。

5.3.3 数据描述

图5—3以72个城市异地中考门槛的均值为标准,分高门槛与低门槛城市,刻画了各年级流动人口子女的留守比例,其中子女留守比例根据CMDS 2014—2017数据计算。可以看出,随着子女年级的升高,越临近中考,流动人口子女留守比例越高;并且在小升初时子女留守比例的上升更加明显;高门槛城市的流动人口子女留守比例更高,且留守比例随年级上升而增加幅度更大,到9年级时,高门槛城市的儿童留守比例达48.93%,而低门槛城市儿童留守比例为35.75%。[①] 图5—4展示了2016年各城市异地中考门槛指数与根据CMDS 2017数据计算的义务教育阶段流动人口子女留守比例的散点图与拟合线,从整体上看,异地中考门槛越高的城市,流动人口子女留守比例相对越高。主要回归变量的描述性统计参见表5—1。

[①] CMDS与人口抽样调查数据计算的留守儿童比例不同,这在已有文献中可以找到证据。如魏东霞和谌新民(2018)使用CMDS 2014数据计算出的子女留守比例为28%;而Chan & Ren(2018)使用2015年1%人口抽样调查数据计算出子女留守比例为66.7%。CMDS数据计算出儿童留守比例较低的原因是,CMDS是一个以家庭为基础的调查,从居委会或村委会抽样,在单位集体居住或没有正式住所的流动人口样本较少,而这些流动人口子女留守比例可能较高。因此,本文的结论是基于流动人口家庭样本的分析。

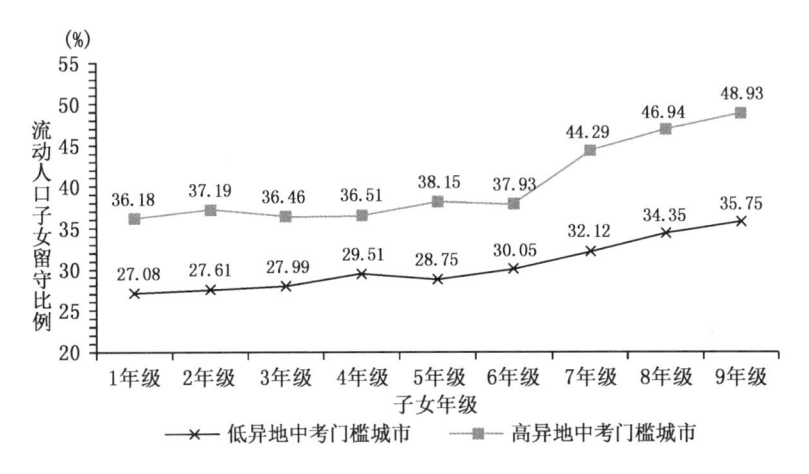

图 5-3 城市流动人口子女各年级留守比例

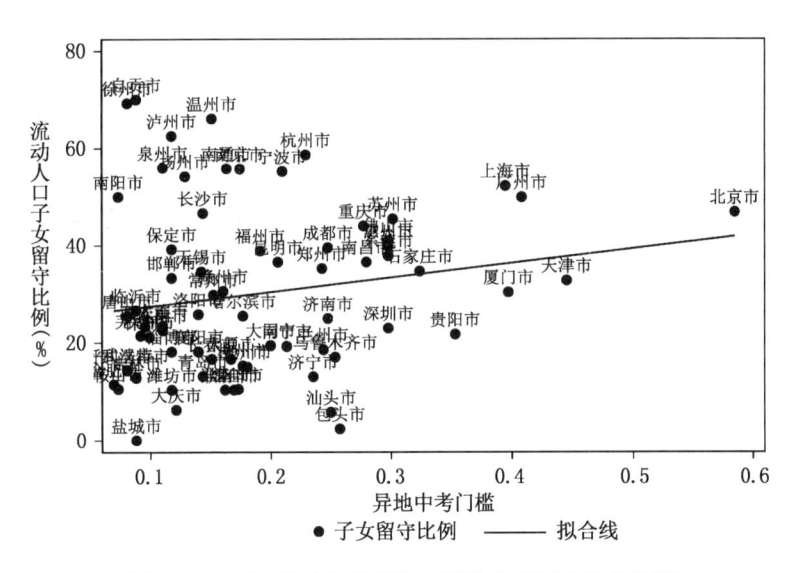

图 5-4 城市异地中考门槛与流动人口子女留守比例

表 5—1 变量描述性统计

	（1） 均值	（2） 标准差	（3） 最小值	（4） 最大值
被解释变量				
是否留守(是=1)	0.337	0.473	0	1
核心解释变量				
异地中考门槛	0.259	0.134	0.070	0.585
子女年级	4.503	2.559	1	9
子女年龄	10.860	2.604	7	16
个体与家庭特征				
子女个数	1.763	0.671	1	6
子女性别(男性=1)	0.563	0.496	0	1
户主性别(男性=1)	0.583	0.493	0	1
户主年龄	37.630	4.978	21	67
户主民族(汉族=1)	0.946	0.226	0	1
户主教育年限	9.452	2.553	0	19
户主是否有医疗保险(是=1)	0.908	0.289	0	1
户主户口性质(农村=1)	0.874	0.332	0	1
户主流动年限	6.893	5.301	1	39
家庭月收入(对数)	8.635	0.603	0.693	13.590
家庭月支出(对数)	8.087	0.558	4.605	11.920
配偶随迁(是=1)	0.912	0.284	0	1
配偶年龄	37.382	5.006	18	67
配偶民族(汉族=1)	0.945	0.228	0	1
配偶教育年限	9.398	2.477	0	19
配偶户口性质(农村=1)	0.867	0.340	0	1

续表

	（1）	（2）	（3）	（4）
	均值	标准差	最小值	最大值
流入城市特征				
城市常住人口（万人）（对数）	6.480	0.553	5.333	8.022
地区生产总值（元）（对数）	17.581	0.764	15.882	19.467
商品房销售价格（元/平方米）（对数）	8.829	0.452	8.040	10.725
普通高等学校数（所）（对数）	2.647	1.107	0	4.511
城镇登记失业率（%）	2.962	0.798	1.200	4.500
儿童个体样本量	110 121			
城市×年份层面的样本量	288			

5.4 实证结果与分析

5.4.1 基准回归结果

表 5-2 汇报了方程（5.12）的 OLS 估计结果。① 列 1 控制了个体与家庭特征、流入城市特征和户籍所在省份固定效应，列 2~3 逐步加入了流入城市固定效应和年份固定效应，异地中考门槛和年级的交互项均显著为正，表明在异地中考门槛越高的城市，年龄越靠近中考的儿童，留守的概率越高。为检验异地中考门槛造成初中阶段相比于小学阶段儿童留守概率的差异，列 4~6 相应地将子女年级替换成子女是否处于初中阶段的虚拟变量②，结果显示，初中阶段的虚拟变量和异地中考门槛的交互项显著为正，说明相比于小学阶段，初中阶段的儿童因异地中考门槛提高而

---

① 采用 probit 模型的估计结果与 OLS 一致，限于篇幅未予报告，作者留存备索。
② 对小学初中的划分是五四制的城市（哈尔滨市、大庆市、上海市、济宁市、淄博市和烟台市）做了相应调整。

留守的可能性更大。①

表 5—2　　　　　　　异地中考门槛与儿童留守基准模型

因变量:子女留守	(1)	(2)	(3)	(4)	(5)	(6)
子女年级×异地中考门槛	0.025*** (0.007)	0.027*** (0.007)	0.027*** (0.007)			
初中阶段×异地中考门槛				0.168*** (0.042)	0.172*** (0.041)	0.172*** (0.041)
子女年级	0.012*** (0.002)	0.012*** (0.002)	0.012*** (0.002)			
初中阶段				0.050*** (0.010)	0.047*** (0.010)	0.047*** (0.010)
异地中考门槛	−0.133 (0.109)	−0.316 (0.230)	−0.325 (0.238)	−0.065 (0.105)	−0.231 (0.222)	−0.239 (0.230)
样本数	110 121	110 121	110 121	110 121	110 121	110 121
R^2	0.271	0.289	0.289	0.270	0.288	0.288
个体与家庭特征	是	是	是	是	是	是
流入城市特征	是	是	是	是	是	是
户籍所在省份固定效应	是	是	是	是	是	是
流入城市固定效应		是	是		是	是
年份固定效应			是			是

注:*、**、*** 分别表示显著性水平为10%、5%和1%;括号中为流入城市层面的聚类稳健标准误。

总体上看,随着子女年级上升留守概率都有所增加,且在异地中考门槛越高的城市,这种现象越严重。如果不考虑政策调整的一般均衡效应,以2016年超大城市和其他城市的异地中考门槛均值分别为0.388和0.177来测算,超大城市和其他城市相比,流动人口子女小升初阶段的留

---

① 后文所有结果将子女年级更换为子女处于初中阶段的虚拟变量,结果均保持一致,限于篇幅,作者留存备索。

守概率会多增加3.63%[(0.388-0.177)×0.172],占超大城市小升初阶段儿童留守比例总体增加幅度的31.43%[3.63%/(53.33%-41.78%)]。① 如果超大城市完全放开异地中考限制,则小升初阶段儿童留守比例增加幅度将下降57.78%[(0.388×0.172)/(53.33%-41.78%)]。需要说明的是,考虑到异地中考门槛可能会迫使一部分家长放弃子女升学,让子女初中毕业后在流入城市直接就业或就读民办高中而不需要留守,从这个角度看,异地中考门槛对子女留守的总体影响在一定程度上被低估了。

为了进一步探究不同年级子女受异地中考门槛影响的差异,图5—5展示了各年级虚拟变量和异地中考门槛交互项的回归系数。可以看出,异地中考门槛主要影响7至9年级流动儿童的留守决策,且随着子女距离中考时间越近,异地中考门槛提高对子女留守概率的影响越大。

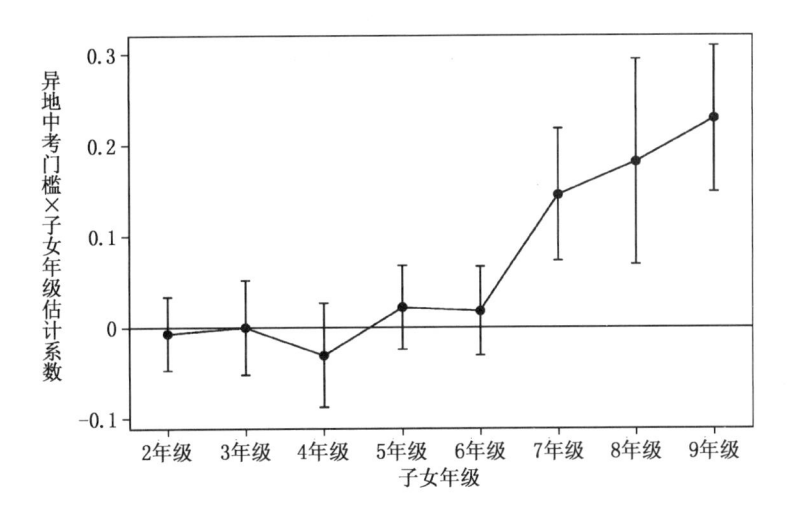

图5—5 子女年级虚拟变量与异地中考门槛交互项系数

---

① 根据CMDS数据,2016年超大城市小学阶段和初中阶段的流动人口子女留守比例分别为41.78%和53.33%。

5.4.2 技能水平的异质性分析

异地中考政策大多是技能偏向型的,如很多城市对稳定住所、合法职业或者定期缴纳社会保险等均有要求。表5-3按照父母受教育程度和家庭收入水平分组。列1~3将父母平均受教育年限分为≥15、9~15和≤9三组进行回归,列4~6将样本分成家庭月收入在当年该城市流动人口家庭中高于90%、50%~90%和低于50%三组回归。结果显示,随着子女年级上升,异地中考门槛对父母教育水平和收入水平低的家庭子女留守的影响更大。可见,异地中考政策具有一定的"教育歧视"和"收入歧视",流动人口技能水平逐渐成为城市分配公共教育资源的依据。异地中考政策技能偏向型这一特征,与义务教育入学政策和户籍政策类似(魏东霞和谌新民,2018;杨娟和宁静馨,2019;张吉鹏等,2020)。

表5-3 技能水平的异质性分析

因变量:子女留守	受教育年限			家庭收入		
	(1)	(2)	(3)	(4)	(5)	(6)
	≥15	9~15	≤9	高于90%	50%~90%	低于50%
子女年级×异地中考门槛	0.010 (0.012)	0.017** (0.008)	0.027*** (0.010)	0.019** (0.009)	0.025*** (0.008)	0.027*** (0.007)
子女年级	0.003 (0.005)	0.010*** (0.002)	0.013*** (0.002)	0.010*** (0.003)	0.011*** (0.002)	0.013*** (0.002)
异地中考门槛	−0.475 (0.388)	−0.205 (0.295)	−0.327 (0.214)	−0.063 (0.215)	−0.417 (0.335)	−0.281 (0.231)
样本数	4 640	28 866	76 615	8 954	53 013	48 154
R^2	0.551	0.317	0.277	0.290	0.273	0.306
个体与家庭特征	是	是	是	是	是	是
流入城市特征	是	是	是	是	是	是
户籍所在省份固定效应	是	是	是	是	是	是

续表

因变量:子女留守	受教育年限			家庭收入		
	(1)	(2)	(3)	(4)	(5)	(6)
	≥15	9~15	≤9	高于90%	50%~90%	低于50%
流入城市固定效应	是	是	是	是	是	是
年份固定效应	是	是	是	是	是	是

注:*、**、***分别表示显著性水平为10%、5%和1%;括号中为流入城市层面的聚类稳健标准误。

5.4.3 稳健性检验

1. 更换层次分析法的输入权重

为了缓解层次分析法的主观性可能造成的偏误,本文通过调整层次分析法计算指数时输入的指标权重进行稳健性检验。借鉴统计学中参数敏感性分析的思想(方意,2016),我们使用OAT(one-at-a-time)方法,一次更改一个其他指标相对于身份证的重要程度,计算出新的权重参数,并且使用重新计算的异地中考门槛进行稳健性检验。为了保证参数不突破现实边界,我们规定每个指标(不包括身份证)相对于身份证的重要程度以附录表A.3列1为原点,半径为1的区间内变动。为了简化问题,并且考虑到层次分析法中各指标与难度最低指标的相对难度一般为整数(Saaty,1977)[①],我们将每个指标(不包括身份证)相对身份证的重要程度在基准模型的基础上加1或减1。更换新异地中考门槛指数的基准模型回归结果如表5-4所示,可以发现,异地中考门槛和子女年级的交互项的回归系数依然显著为正,基准模型结果稳健。

---

① Saaty(1977)通过对比多种比较尺度,发现1~9的整数尺度不仅在较简单的尺度中最好,而且结果不劣于较复杂的尺度。

表 5—4　调整层次分析法输入权重的稳健性检验

因变量：子女留守	(1) 户口本相对身份证难度 −1	(2) 户口本相对身份证难度 +1	(3) 居住证相对身份证难度 −1	(4) 居住证相对身份证难度 +1	(5) 学籍相对身份证难度 −1	(6) 学籍相对身份证难度 +1	(7) 合法职业相对身份证难度 −1	(8) 合法职业相对身份证难度 +1
子女年级×异地中考门槛	0.028*** (0.007)	0.030*** (0.007)	0.028*** (0.007)	0.030*** (0.007)	0.028*** (0.008)	0.029*** (0.007)	0.028*** (0.007)	0.030*** (0.007)
子女年级	0.012*** (0.001)	0.011*** (0.001)	0.011*** (0.001)	0.011*** (0.001)	0.011*** (0.001)	0.011*** (0.001)	0.011*** (0.001)	0.011*** (0.001)
异地中考门槛	−0.201 (0.172)	−0.208 (0.180)	−0.180 (0.170)	−0.229 (0.182)	−0.215 (0.187)	−0.195 (0.167)	−0.209 (0.182)	−0.202 (0.172)
样本数	110 121	110 121	110 121	110 121	110 121	110 121	110 121	110 121
R^2	0.289	0.289	0.289	0.289	0.289	0.289	0.289	0.289

续表

因变量: 子女留守	(9) 稳定住所相对身份证难度	(10)	(11) 社会保险相对身份证难度	(12)	(13) 其他证明相对身份证难度	(14)	(15) 报考学校限制相对身份证难度	(16)
	−1	+1	−1	+1	−1	+1	−1	+1
子女年级×异地中考门槛	0.028*** (0.007)	0.029*** (0.007)	0.029*** (0.007)	0.029*** (0.007)	0.027*** (0.007)	0.030*** (0.008)	0.030*** (0.007)	0.027*** (0.007)
子女年级	0.011*** (0.001)	0.011*** (0.001)	0.011*** (0.001)	0.011*** (0.001)	0.011*** (0.001)	0.011*** (0.001)	0.011*** (0.001)	0.012*** (0.001)
异地中考门槛	−0.219 (0.191)	−0.193 (0.164)	−0.199 (0.174)	−0.210 (0.178)	−0.217 (0.169)	−0.186 (0.178)	−0.204 (0.170)	−0.207 (0.184)
样本数	110 121	110 121	110 121	110 121	110 121	110 121	110 121	110 121
R^2	0.289	0.289	0.289	0.289	0.289	0.289	0.289	0.289

注:*、**、*** 分别表示显著性水平为10%、5%和1%;括号中为流入地城市层面的聚类稳健标准误;表中各列均控制了个人与家庭特征、流入地城市特征、户籍所在省份固定效应、流入城市固定效应和年份固定效应。

2. 更换异地中考门槛指数的构建方法

基准回归中使用了基于层次分析法构建的异地中考门槛指数,为检验指数构建方法的稳健性,表5—5分别使用因子分析法(尹志超等,2014)、等权重法(张吉鹏和卢冲,2019)、投影寻踪法(吴开亚等,2010;张吉鹏和卢冲,2019)和熵值法(李虹和邹庆,2018;张吉鹏和卢冲,2019)测算的异地中考门槛,发现异地中考门槛与子女年级的交互项系数仍显著为正,结论与基准结果一致。

表5—5　　　　　　更换异地中考门槛指数的构建方法

因变量:子女留守	(1)因子分析法	(2)等权重法	(3)投影寻踪法	(4)熵值法
子女年级×异地中考门槛	0.006*** (0.002)	0.048*** (0.010)	0.022*** (0.007)	0.017** (0.007)
子女年级	0.017*** (0.001)	0.004 (0.003)	0.010*** (0.002)	0.014*** (0.002)
异地中考门槛	−0.052 (0.033)	−0.283 (0.178)	−0.155 (0.110)	−0.005 (0.141)
样本数	110 121	110 121	110 121	110 121
R^2	0.289	0.290	0.289	0.289
个体与家庭特征	是	是	是	是
流入城市特征	是	是	是	是
户籍所在省份固定效应	是	是	是	是
流入城市固定效应	是	是	是	是
年份固定效应	是	是	是	是

注:*、**、***分别表示显著性水平为10%、5%和1%;括号中为流入城市层面的聚类稳健标准误。

3. 排除义务教育入学政策的影响

吴贾和张俊森(2020)发现面临义务教育入学问题会增加子女留守的概率,并且对于1岁到5岁儿童,当子女年龄增大时,义务入学政策对流动人口家庭影响变大。为排除义务教育入学政策对本文结果的影响,表5—6中列1将样本限制在1~5岁的儿童做安慰剂检验,此时子女年级和异地中考门槛的交互项不显著。这说明异地中考政策对学龄前儿童留守没有显著影响,基准回归的结果反映的并不是义务教育入学政策对子女留守的影响。

4. 排除异地高考政策的影响

异地中考政策与异地高考政策同属随迁子女升学政策,两者之间高度相关且均可能影响子女留守。为排除异地高考政策的影响,表5-6中列2将样本限制在15～19岁且正在接受高中教育的青少年,可以发现,异地中考门槛和子女年龄的交互项均不显著,说明基准回归的结果反映的并不是异地高考政策对子女留守的影响。这个结果也与前文结论相符,异地中考政策作为异地高考的前置政策,对于异地高考的限制大多落在对异地中考的限制上,通常在满足异地中考要求后,随迁子女在本地就读三年,其父母在本地工作居住三年后,基本可以在当地参加高考。

5. 排除"高考洼地"的影响

由于我国普通高等学校招生实行的是分省(自治区、直辖市)、分专业招生计划,这就导致基础教育相对不发达,或考生较少、招生录取率较高、录取难度低的西部偏远省份出现了"高考洼地"。一方面,一些家长为了使子女获得更好的上大学机会,会带着子女迁移到这些地区,因此"高考洼地"的流动人口子女随迁比例一般较高,且随着年级上升,子女随迁比例可能越来越高;另一方面,如果流动人口的户籍地处于"高考洼地"省份,其可能更偏向于让子女返乡上高中,且随子女年级上升,子女留守比例可能越来越高。为确保实证结果不受"高考洼地"的影响,表5-6中列3剔除流入地为"高考洼地"且为跨省流动的样本,列4剔除户籍地为"高考洼地"且跨省流动的样本,结果保持稳健。

6. 排除落户政策的影响

魏东霞和谌新民(2018)研究发现落户门槛会显著影响子女的留守,而通常落户政策较为宽松的城市异地中考门槛也较低。[①] 为验证基准回

---

① 2016年异地中考门槛和落户门槛相关系数为0.763,在1%水平下显著。

归的结果是由于异地中考门槛导致,而非落户政策的影响,表 5—6 中列 5 将张吉鹏和卢冲(2019)计算出的各城市落户门槛加入模型①,子女年级与异地中考门槛的交互项仍显著为正,结果稳健。需要指出的是,这里的结果并不意味着落户门槛不重要。通常落户门槛要高于异地中考门槛,其影响的流动人口群体也不完全相同,对于无法实现落户的流动人口而言,其子女的留守受落户门槛影响小,受异地中考门槛的影响更大。②

表 5—6　排除义务教育入学政策、异地高考政策和落户政策的影响

因变量:子女留守	(1) 1～5 岁	(2) 15～19 岁 且在读 高中	(3) 去掉流入 "高考洼地" 且跨省流动	(4) 去掉户籍 地为"高考 洼地"	(5) 控制落户 政策
子女年级×异地中考门槛	0.016 (0.014)	−0.032 (0.022)	0.027*** (0.007)	0.026*** (0.007)	0.026*** (0.007)
子女年级	−0.001 (0.003)	0.016** (0.006)	0.011*** (0.001)	0.012*** (0.002)	0.012*** (0.002)
异地中考门槛	−0.180 (0.190)	0.295 (0.414)	−0.351 (0.239)	−0.335 (0.247)	−0.275 (0.266)
样本数	65 700	19 583	104 795	106 733	97 385
R^2	0.298	0.256	0.290	0.291	0.281
个体与家庭特征	是	是	是	是	是
流入城市特征	是	是	是	是	是
户籍所在省份固定效应	是	是	是	是	是
流入城市固定效应	是	是	是	是	是
年份固定效应	是	是	是	是	是

注:*、**、*** 分别表示显著性水平为 10%、5% 和 1%;括号中为流入城市层面的聚类稳健标准误。

---

① 落户门槛数据来自西南财经大学经济与管理研究院公共经济与行为研究平台和中国家庭金融调查与研究中心联合公布的中国城市落户门槛指数,具体网址为 https://chfs.swufe.edu.cn/info/1041/2251.htm。

② 如果考虑到部分流动人口有能力在本地落户却选择不落户,他们的子女通常也能够达到异地中考门槛的要求而无需留守,这会导致本文的基准结果低估了异地中考门槛对子女留守的影响。

7.改变儿童留守的定义

基准回归中子女留守定义为子女与其被调查的父亲或母亲不在同一城市,这与大部分文献的定义一致(魏东霞和谌新民,2018)。2016 年民政部定义留守儿童为不与双方父母同住的儿童。不与双方父母同住对儿童的负面影响更大,表 5—7 中列 1 检验异地中考门槛对子女独自留守的影响,结论与基准回归一致。列 2 删除子女独自留守的样本,检验异地中考门槛对子女与父母一方共同留守的影响,交互项系数近似为 0 且不显著,这意味着异地中考门槛主要影响的是儿童的独自留守,而不会使得父母一方选择跟着子女一起返乡。CMDS 数据显示,义务教育阶段儿童留守中独自留守占比为 77.77%,因此,基准回归的结果主要反映的是独自留守概率的增加。考虑到部分儿童未必返回户籍地留守,而是选择到父母流入地附近的城市就读①,列 3~4 使用多元 Logit 模型(Multinomial Logit),对子女居住地的三种情况(随迁、在户籍地留守、在其他城市留守)进行区分,将子女随迁作为基准组,分别检验了异地中考门槛对子女在户籍地留守和在其他地方留守的影响。结果显示,当子女年级上升时,异地中考门槛显著增加子女返回户籍地留守的概率,但并没有显著增加子女到其他地方留守的概率。

表 5—7　　　　　　　　　改变子女留守的定义

因变量:	(1) 子女独自留守	(2) 子女与父母一方共同留守	(3) 子女在户籍地留守	(4) 子女在其他地方留守
子女年级×异地中考门槛	0.027*** (0.007)	0.001 (0.001)	0.137*** (0.038)	−0.065 (0.155)
子女年级	0.011*** (0.002)	0.000 (0.000)	0.083*** (0.009)	0.194*** (0.045)
异地中考门槛	−0.326 (0.233)	0.023 (0.021)	−1.234 (1.232)	1.497 (3.236)

---

① 从数据上看,子女被留守在非户籍地的情况在流动人口子女中的比例也很小。根据 CMDS 2014—2017 数据,在全国(一线城市)的流动人口的子女样本中,有 99.53%(99.59%)的子女在父母流入地或者户籍地,仅有 0.47%(0.41%)的子女在其他地方;留守子女中,仅有 1.40%(0.93%)在除户籍地外的其他地方。

续表

因变量：	(1) 子女独自留守	(2) 子女与父母一方共同留守	(3) 子女在户籍地留守	(4) 子女在其他地方留守
样本数	110 121	81 298	110 121	110 121
R^2	0.189	0.894	0.253	0.253
个体与家庭特征	是	是	是	是
流入城市特征	是	是	是	是
户籍所在省份固定效应	是	是	是	是
流入城市固定效应	是	是	是	是
年份固定效应	是	是	是	是

注：*、**、*** 分别表示显著性水平为 10%、5% 和 1%；括号中为流入城市层面的聚类稳健标准误；列 3~4 汇报的是多元逻辑模型估计的胜算比对数。

8. 排除城市层面其他影响因素

子女留守概率随年龄增长而增加还可能受其他城市层面因素的影响，例如城市的经济发展程度、就业机会、人口调控政策、居住和生活成本、高等教育升学的压力和城市的教育供给等也可能会导致家庭让年龄更大的子女返乡。为剔除这些因素的影响，表 5-8 中列 1~7 分别将相应的城市层面变量与子女年级的交互项加入模型，发现异地中考门槛与子女年级的交互项系数仍显著为正，与基准回归保持一致。

9. 排除流动人口子女父母生育年龄的影响

流动人口可能会考虑到城市异地中考门槛的限制，选择推迟生育。为了排除父母生育年龄对估计结果的影响，表 5-8 中列 8 将父亲生育年龄、母亲生育年龄，以及这两者与子女年级的交互项加入模型，这时子女年级和异地中考门槛的交互项依然显著为正，基准模型结果稳健。实际上，如果家长选择推迟生育年龄，在能力较强、准备较充分的时候才生育子女，或者有部分能力较差的家长直接选择不生育子女，会使异地中考门槛较高城市有更多的家长可以突破政策的限制让子女不留守，这也只会使本文低估异地中考门槛对子女留守的影响。

表 5-8 排除其他影响因素

因变量:子女留守	(1) GDP	(2) 城镇登记失业率	(3) 常住人口	(4) 商品房销售价格	(5) 城市价格指数	(6) 普通高等学校数	(7) 人均教育支出	(8) 父母生育年龄
子女年龄×异地中考门槛	0.016*** (0.006)	0.026*** (0.008)	0.016** (0.006)	0.009* (0.005)	0.026*** (0.007)	0.025*** (0.007)	0.014** (0.006)	0.027*** (0.007)
子女年龄	−0.040* (0.023)	0.015*** (0.006)	−0.012 (0.011)	−0.059*** (0.017)	−0.031 (0.030)	0.010*** (0.002)	−0.030 (0.022)	−0.001 (0.005)
异地中考门槛	−0.277 (0.236)	−0.322 (0.239)	−0.276 (0.234)	−0.242 (0.232)	−0.322 (0.238)	−0.317 (0.240)	−0.268 (0.233)	−0.324 (0.238)
样本数	110 121	110 121	110 121	110 121	110 121	110 121	110 121	110 121
R^2	0.289	0.289	0.290	0.290	0.289	0.289	0.289	0.290
个体与家庭特征	是	是	是	是	是	是	是	是
流入城市特征	是	是	是	是	是	是	是	是
户籍所在省份固定效应	是	是	是	是	是	是	是	是
流入城市固定效应	是	是	是	是	是	是	是	是
年份固定效应	是	是	是	是	是	是	是	是

注:*、**、***分别表示显著性水平为10%、5%和1%;括号中为流入城市层面的聚类稳健标准误;列1~8分别为加入GDP、城镇登记失业率、常住人口、商品房销售价格、城市价格指数、普通高等学校数、人均教育支出、流动人口子女父母生育年龄与子女年级相乘的交互项。

10. 其他稳健性检验

本文还进行了以下稳健性检验:(1)为验证不同年份异地中考门槛对子女留守影响的稳健性,使用 CMDS 2014—2017 各年份截面数据分别回归,结果如表 5—9 所示,结果依然稳健;(2)考虑到子女转学的机会成本,家长可能在小学入学或者初中入学的时候决定子女是否留守,模型改用子女小学或初中入学年份的异地中考门槛,若入学年份为 2013 年之前则使用 2013 年的异地中考门槛。或考虑到家长信息获取的滞后性,将异地中考门槛分别滞后两期、三期和四期进行回归,结果仍然稳健(如表 5—10 所示);(3)父母在流入地务工长短对子女的留守决策可能有影响,为检验流入所在城市时间不同的流动人口子女留守受异地中考门槛影响的稳健性,限制流动人口流入所在城市时间超过 2 年、3 年、4 年和 5 年分别回归,结果如图 5—6 所示。[①] 可以发现,异地中考门槛对子女留守的影响与父母在流入城市务工时间长短没有显著的相关关系[②],基准结果稳健。

表 5—9　　　　　　　　　分年份稳健性检验

因变量:子女留守	(1) CMDS 2014	(2) CMDS 2015	(3) CMDS 2016	(4) CMDS 2017
子女年级×异地中考门槛	0.020*** (0.007)	0.033*** (0.010)	0.025*** (0.009)	0.022** (0.009)
子女年级	0.014*** (0.002)	0.011*** (0.002)	0.011*** (0.003)	0.013*** (0.002)
异地中考门槛	−0.099 (0.086)	−0.246** (0.109)	−0.113 (0.131)	−0.060 (0.160)
样本数	28 323	28 385	26 696	26 717
R^2	0.276	0.256	0.270	0.303
个人与家庭特征	是	是	是	是

---

① 图示为估计系数和 90% 置信区间。

② 这可能的原因是,异地中考政策主要对流动人口缴纳社会保险等条件有年限限制,对流入本地时长没有限制,而流入时间长并不代表其在本地缴纳社保等时间长,根据 CMDS 2017 数据,流动人口缴纳社保和流入年限相关系数仅为 0.015,一半以上的流动人口并没有在本地缴纳社保。

续表

因变量:子女留守	(1) CMDS 2014	(2) CMDS 2015	(3) CMDS 2016	(4) CMDS 2017
流入城市特征	是	是	是	是
户籍所在省份固定效应	是	是	是	是

注:*、**、***分别表示显著性水平为10%、5%和1%;括号中为流入城市层面的聚类稳健标准误。

表 5—10　　　　异地中考门槛滞后期数的稳健性检验

因变量:子女留守	(1) 入学年份	(2) 滞后一期	(3) 滞后两期	(4) 滞后三期	(5) 滞后四期
子女年级×异地中考门槛	0.026*** (0.008)	0.022** (0.009)	0.021** (0.009)	0.024** (0.009)	0.024** (0.009)
子女年级	0.012*** (0.002)	0.013*** (0.002)	0.013*** (0.002)	0.012*** (0.002)	0.013*** (0.002)
异地中考门槛	−0.095 (0.082)	−0.064 (0.160)	−0.019 (0.169)	−0.032 (0.152)	−0.062 (0.131)
样本数	110 121	26 717	26 717	26 717	26 717
R^2	0.289	0.303	0.304	0.304	0.303
个体与家庭特征	是	是	是	是	是
流入城市特征	是	是	是	是	是
户籍所在省份固定效应	是	是	是	是	是
流入城市固定效应	是				
年份固定效应	是				

注:*、**、***分别表示显著性水平为10%、5%和1%;括号中为流入城市层面的聚类稳健标准误;列1使用CMDS 2014—2017数据,列2~5使用CMDS 2017数据。

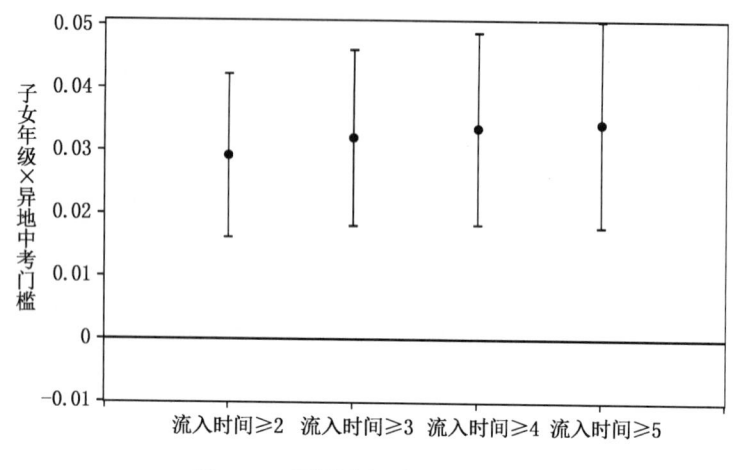

图 5-6 不同流入时间稳健性检验

5.5 对政策不同限制条件的影响分析

异地中考门槛除对报考的身份条件有限制外,一些人口流入压力较大的城市,会额外设置报考学校类型的限制,如北京、天津、石家庄等对报考公办普高有限制,一些城市对报考重点高中有限制,或设置的随迁子女报考分数线与本地生不同等。① 而现阶段,公办普通高中是我国学生上大学的主要途径,对于有升学期望的家庭,报名职业学校的意愿较低(黄斌等,2012);而民办高中学费昂贵且学位很少,流动人口家庭收入通常很难维持。因此,这些报考学校的限制可能对子女留守有直接影响。

为剖析不同的政策细则对子女留守决策的影响,我们将异地中考指标中的各项要求按照报考的身份条件限制和报考学校限制分别评估。对原有异地中考指标中除报考学校限制外其他 8 个原始指标重新赋权,计

---

① 例如,长春允许民办学校就读的非户籍考生可报考本校高中部,但不能报考其他学校;苏州市不允许非户籍学生报考幼儿师范高等专科学校;成都市随迁子女属于调招生,与本地生分开录取,每所高中调招生的录取名额少、分数线更高。

算仅反映对身份要求的"异地中考身份门槛",并通过设置两个虚拟变量衡量城市的报考限制:若该城市随迁子女不能报考公立普高,虚拟变量"不能报考公办普高"取1,否则为0;若该城市随迁子女有不能报考重点高中或与本地户籍考生录取分数不同等限制,虚拟变量"其他报考学校限制"取1,否则为0。

具体回归结果如表5-11所示。列1在模型中仅考虑身份门槛与不能报考公办普高的限制,列2仅考虑身份门槛与其他报考学校限制,列3同时把这三类限制放在回归中,可以发现,随着子女年级的上升,异地中考的身份门槛和不能报考公办普高的限制均会使子女留守的概率增加,而其他报考学校限制和子女年级的交互项不显著。这说明,儿童留守主要受报名异地中考的身份限制和是否可以报考公办普高的限制的影响,但是如果只是对报考重点高中有限制,或者与本地儿童分数线有差异,家长还是会设法让子女继续留在身边。

表5-11 异地中考身份条件限制与报考学校限制对儿童留守的影响

因变量:子女留守	(1)	(2)	(3)	(4)	(5)	(6)
子女年级×异地中考身份门槛	0.033*** (0.008)	0.034*** (0.008)	0.034*** (0.008)			
子女年级×不能报考公办普高	0.003* (0.002)		0.003* (0.002)			
子女年级×其他报考学校限制		0.001 (0.003)	0.002 (0.003)			
初中阶段×异地中考身份门槛				0.195*** (0.038)	0.200*** (0.038)	0.200*** (0.038)
初中阶段×不能报考公办普高				0.021** (0.010)		0.022** (0.009)
初中阶段×其他报考学校限制					0.004 (0.017)	0.008 (0.017)
子女年级	0.009*** (0.002)	0.009*** (0.002)	0.008*** (0.002)			
初中阶段				0.034*** (0.010)	0.035*** (0.009)	0.031*** (0.009)

续表

因变量:子女留守	(1)	(2)	(3)	(4)	(5)	(6)
异地中考身份门槛	−0.253 (0.160)	−0.258 (0.160)	−0.257 (0.160)	−0.149 (0.147)	−0.149 (0.147)	−0.150 (0.147)
不能报考公办普高	0.131 (0.128)		0.062 (0.091)	0.136 (0.127)		0.066 (0.090)
其他报考学校限制		−0.147 (0.130)	−0.075 (0.054)		−0.143 (0.127)	−0.072 (0.051)
样本数	110 121	110 121	110 121	110 121	110 121	110 121
R^2	0.290	0.290	0.290	0.288	0.288	0.288
个体与家庭特征	是	是	是	是	是	是
流入城市特征	是	是	是	是	是	是
户籍所在省份固定效应	是	是	是	是	是	是
流入城市固定效应	是	是	是	是	是	是
年份固定效应	是	是	是	是	是	是

注:*、**、***分别表示显著性水平为10%、5%和1%;括号中为流入城市层面的聚类稳健标准误。

根据列3的系数估算结果,若城市存在不能报考公办普高的限制,相当于提高了0.088(0.003/0.034)的异地中考身份门槛。根据异地中考门槛层次结构模型,这相当于将父母单方社会保险的年限要求提高了2.93年。[①] 列4~6将子女年级更换成子女是否处于初中阶段的虚拟变量,结果与列1~3一致。

5.6 结论与政策建议

规模庞大的流动人口子女是我国未来社会和经济建设的主力军,解决好他们在流入地城市的教育问题,关系到我国流动人口权益保障与人力资本的提升,是夯实高质量发展和推动共同富裕的动力基础。本章实

---

① 在异地中考门槛层次结构模型中,社会保险项的标准化赋分为0.03(标准化赋分为指标权重除以该指标最高赋分值),因此报考公立普高的限制,相当于将父母单方缴纳社会保险的年限要求增加2.93年(0.088/0.03)。

证检验了异地中考门槛对流动人口子女留守的影响,结合 2014—2017 年 CMDS 数据,发现异地中考门槛越高的城市,流动人口子女在越接近中考时留守的概率越高,且该影响在父母受教育水平和收入较低的流动人口家庭更为明显。最后,通过对异地中考政策的限制条件做进一步拆解,发现异地中考报名的身份条件限制与不能报考公办普高的限制显著增加了儿童留守的概率,但若面临不能报考重点高中或随迁子女报考分数与本地生要求不同等其他报考学校限制时,家长还是会让子女继续留在身边。

异地中考政策的改革与我国教育资源配置体制、户籍制度、高考制度等密切相关,现阶段,一步到位开放异地中考并不现实。要解决流动人口子女的升学问题,需在制度上寻求突破,在不断发展的基础上做好教育的公平正义。从根本上,应进一步推进城市落户政策的改革,明确保障流动儿童的受教育权利,具体政策建议如下:

第一,本章发现,异地中考门槛与城市的人口数量和经济发展情况有关,是各城市用来保护本地儿童升学权利和保证城市教育资源有序配置的"计划性"工具,在没有改善教育资源供给的情况下,完全放开异地中考是不现实的。因此,各城市应明确流动人口子女的规模和学位需求,将其纳入教育规划,根据自身条件制定适合本地情况的异地中考准入标准。面临巨大人口流入压力的发达城市可以暂且设置一定的准入门槛,在扩大高中学位供给的基础上,逐渐降低限制条件;其他城市则应尽快破除随迁子女升学障碍,加快异地中考改革,实现公共服务均等化,让流动人口子女享有平等接受教育的权利。

第二,本章研究表明,如果不能报考公办普高,只能报考职业高中,很多流动人口会让子女返乡成为留守儿童。一方面,应取消歧视性的录取规则;另一方面,需进一步提升社会大众对职业教育的认可程度,完善职业教育保障制度。2022 年 5 月《职业教育法》修订,取消了实行了二十多年的初中毕业后普职分流,意在提高职业教育的战略地位。未来我国也应加快构建现代职业教育体系,提高职业院校办学水平,畅通职业教育升学途径,尽早打破职业教育"低人一等"的陈旧观念。此外,对于不符合在流入地参加升学考试的随迁子女，流入地和流出地政府也应该积极做好政策衔接，保障考生返乡参加升学考试。

第三，异地中考作为异地高考的前置政策，两者具有很强的协同性。在调整异地中考政策的同时，也应加快异地高考制度的改革，最大限度发挥政策组合的整体效果效应（吴霓，2011）。应协调教育资源在地区间的配置，加快高考招生制度的改革，打破各省之间高考招录的差异，推进全国教材统一及省际考试成绩的认证，保证不同地区高考录取的公平性。延长义务教育年限至高中，在未能全面推进异地中高考改革时，延迟儿童留守的年龄。

第 6 章　异地中考政策对儿童高中入学和人力资本积累的影响[①]

6.1　引言

党的二十大报告指出"教育、科技、人才是全面建设社会主义现代化国家的基础性、战略性支撑",并特别提到要"办好人民满意的教育""加快建设高质量教育体系""促进教育公平"。自改革开放以来,大规模农村剩余劳动力的流入促使城市经济取得了长足发展,成为支撑中国经济快速增长的重要力量。然而,以户籍制度为基础的公共教育政策造成流动人口与其他群体之间教育机会、教育质量、教育成就等产生显性与隐性的差距(吴霓和王学男,2017),尽管在过去十多年的改革中,随迁子女义务教育阶段的受教育权利得到很大程度的提升,但是实现随迁子女教育公平的问题仍然任重而道远。高中教育是推进流动人口子女教育公平的转折点,但现阶段各城市的异地中考政策依然无法满足大部分流动人口子女升学的需求(吴霓和朱富言,2014),很多流动人口家庭因为难以达到异地中考的条件,或让子女继续留在身边但放弃升学,或为了就读高中无奈返乡,成为留守儿童(Koo et al.,2014;吴贾和张俊森,2020)。

可以预见,异地中考政策直接对随迁子女参加中考设限,政策越严苛的城市,随迁子女进入高中阶段学习的概率越低,但受政策影响返乡留守子女的升学情况如何,尚难以定论。本章首先通过实证研究发现,流动人

[①] 本章内容来自陈媛媛、宋扬、邹月晴.随迁子女教育政策、入学机会与人力资本积累——来自异地中考政策的证据[J].劳动经济研究,2023(3):3—29。

口子女在流入城市面临的异地中考限制,不仅对随迁儿童有负面影响,对返乡后的留守儿童依然有负面作用。2017年流动人口动态监测调查数据显示,父母在异地中考门槛相对较高的一线城市流动的留守子女上高中的比例为78.09%,比父母在三、四、五线城市流动的留守子女上高中比例低2.56%,留守儿童父母所在城市异地中考限制越严格,其高中入学率就越低。那么,是什么原因导致从升学难度较高城市返乡的留守子女入读高中的情况也变差呢?

本章从公共教育政策下教育机会的限制给流动儿童人力资本积累带来负面影响的角度解释这一现象。难以逾越的入学障碍使流动人口家庭预期到未来"有学上"与"上好学"困难的存在,直接挫伤了父母与儿童对教育的追求(吴愈晓和黄超,2016)。制度歧视带来的社会外部不公平感也使流动儿童更加自我封闭、情绪低落,学习自我效能感直线下降,认知与非认知能力发展受阻(熊春文和陈辉,2021)。当制度限制导致流动儿童不得不返乡时,更会严重影响这些儿童的归属感和自我认同(杨东平等,2017)。因此,教育制度的限制使得流动人口在流入城市获取更高收入的同时,在子女教育方面付出了巨大的代价,不仅表现为子女受教育机会的减少,还有学习兴趣下降、性格形成缺陷、社会融入难、未来发展受阻等各方面影响。同时由于城乡环境变迁和教材教学方式等方面的差异,流动儿童即便在城市享受到了短暂的优质义务教育,返乡后也难以将其成功转化为高质量的人力资本积累(张宝歌,2012)。

本章从公共教育政策限制、入学机会与儿童人力资本积累三个维度,结合2017年流动人口动态监测调查数据,实证评估了异地中考门槛对流动人口子女高中阶段入学的影响。结果发现,无论子女随迁还是留守,父母流入城市的异地中考门槛越高,其高中入学率均越低,在使用Oster(2019)的无工具变量推断法进行内生性检验后,结果依旧稳健。如果不考虑政策调整的一般均衡效应,若于2015年在全国范围内取消异地中考限制,流动人口子女高中入学率将会提升4.79%,能够增加16.87万流动人口子女进入高中学习。异地中考门槛的负面影响在父母受教育程度和收入水平更低、农村户口家庭中更为明显。同时,结合中国教育追踪调查数据进行机制检验发现,异地中考门槛使流动人口子女的人力资本积累受到了阻碍。异地中考限制程度越严格,流动人口子女的认知能力和非认知能力越差,家长对子女的教育期望和对子女的教育经济投入与时间投入越低。

相比于已有文献,本章有如下几方面贡献:

第一,保障流动人口随迁子女的平等受教育权利是"推进以人为核心的新型城镇化"的关键,评估随迁子女相关的教育政策效果的研究亟待补充与完善。已有大批学者针对中国宏观教育政策效果以及政策波及群体的微观福利进行研究,但多数集中在面对所有适龄儿童的义务教育政策、撤点并校、高等教育扩招等(吴要武和赵泉,2010;刘生龙等,2016;梁超和王素素,2020),针对流动人口子女教育政策的文献也多聚焦于随迁子女义务教育政策(冯帅章和陈媛媛,2012;Chen et al.,2020)。本文直击随迁子女教育升学政策改革的焦点,具体分析了异地中考政策对流动人口子女高中入学的影响,全面考虑其对儿童自身人力资本发展及其家长教育参与的影响,弥补了流动人口子女升学政策研究的缺失。同时,相较于既有文献仅聚焦于随迁子女(吕慈仙,2018;陈宣霖,2021),本文同时关注了留守儿童,更为全面地审视随迁子女教育政策的可能影响。

第二,教育公平是当今教育公共政策制定的核心价值,关于教育机会增加对教育不平等影响的文献已有很多,部分学者认为扩招会缩小教育差距(刘精明,2006;张兆曙和陈奇,2013),但越来越多的研究指出扩招的同时也存在机会分配的不公平问题,研究结论尚不统一(李春玲,2010;吴愈晓,2013)。本文从教育机会限制对教育资源公平分配的视角,以异地中考政策为例,发现升学限制更加强化了教育资源分配不平等的程度,尤其损害了父母受教育程度较低、收入较低,以及农村户口家庭子女接受高中教育的权利,并以此呼吁加快流入地城市异地中考政策的改革进程。

第三,明确异地中考政策与流动人口子女实际教育获得之间的关系,对理解现有教育政策解决教育不公平的有效性,更好更快构建优质均衡的基本公共教育服务体系具有十分重要的政策含义。中国经济增长已转向高质量发展阶段,在新时代新经济发展模式下,建设高质量教育体系的作用更加举足轻重。优质教育机会的公平分配是推进高质量教育体系的关键(李政涛和周颖,2022),也是高效促进共同富裕的重要抓手。本章的研究结果为促进人的全面发展,壮大高质量中等收入群体,尽快实现全体人民共同富裕提供了有效的政策依据。

6.2 理论分析

影响教育产出的因素包括学生和家庭等微观层面的特征,如学生的个体特征与经历、父母学历、父母迁移经历、家庭教育投入、老师和学校特征等(Sandefur et al.,2006;Clark & Del Bono,2016;Meng & Yamauchi,2017;Wu et al.,2019;Blandin & Herrington,2022),也包括宏观层面和政策的因素,如城市教育发展水平、教育政策和教育体制等(刘精明,2006;李春玲,2010;陈宣霖,2021;Stuart,2022)。异地中考政策以家长居住证为主要依据,参考家长的社保缴纳证明、工作证明、住房证明以及学生学籍等条件作为流动人口子女参加中考的门槛,导致很多流动人口子女无法在流入城市参加中考。在异地中考政策的限制下,面对子女在流入城市无书可读的现实困境,部分流动人口会选择让子女提前返乡成为留守儿童(魏东霞和谌新民,2018),在户籍地参加中考;也有部分流动人口在权衡子女留守的负面效应以及家庭化迁移所带来的收益后,选择让子女留在自己的身边,或努力争取满足异地中考要求,或放弃升学。

从留守子女的角度来看,子女回到家乡后没有任何的升学限制,其能否升入高中主要是由学生自身人力资本素质决定的。但已有研究发现,子女在跟随父母流动时伴随着巨大的代价。制度歧视带来的社会外部不公平感使流动儿童更加自我封闭、抑郁,学习自我效能感直线下降,阻碍了认知与非认知能力的发展(熊春文和陈辉,2021);难以逾越的入学障碍直接挫伤了父母与儿童对教育的期望和追求(吴愈晓和黄超,2016);当流动儿童由于制度限制不得不返乡时,他们的归属感和自我认同感将受到严重影响,非认知能力严重受损(杨东平等,2017)。同时,教材版本、教学方式和生活环境等方面的差异,也难以让在城市享受过短期高质量教育的儿童,在家乡顺利发挥出原有的经验与自身优势(张宝歌,2012)。因此,子女在跟随父母流动时,人力资本积累受到了极大的负面影响,在回乡后,即使可以正常参加中考,也难以通过自身实力考入高中。

在现有的异地中考门槛约束下,流动人口子女需满足重重条件才能在流入城市参加中考,进而升入高中,因此异地中考门槛给他们的高中升学机会带来了直接的阻碍。同时,与留守儿童相同,制度歧视带来的社会外部不公平感与预期难以逾越的入学障碍均可能抑制随迁子女的人力资本积累,影响儿童的学业表现和教育抱负,也进一步降低他们升学的可能性。因此,这里提出以下研究假说:

假说1:异地中考门槛越高的城市,流动人口子女,无论随迁还是留守,高中阶段的入学率都越低。

假说2:异地中考门槛可能通过阻碍流动人口子女的人力资本积累,降低流动人口子女的高中阶段入学率。

6.3 研究设计

6.3.1 数据来源与样本筛选

本章数据主要来自2017年流动人口动态监测调查数据(China Migrants Dynamic Survey,CMDS)。由于各地在2012年年底才出台详细的异地中考方案,我们将样本限定为在2013—2016年中考且父母之后未再流动的流动人口子女,子女中考的年份根据子女出生的年份和月份推算。由于CMDS数据没有流动人口曾经流入城市的完整回溯信息,如果父母在子女中考后流动则无法衡量子女中考时面临的异地中考门槛,因此仅保留流动人口"本次流动年份"在子女中考年份之前的样本,这时可以使用父母现在的流入城市衡量影响子女高中升学时面临的异地中考门槛。此外,还剔除已离婚或丧偶的样本,最终得到7 134个家庭样本。值得注意的是,使用CMDS 2013—2017也可以得到同样的结论,只是使用多年数据存在样本重复的问题,因此本文主要汇报2017年数据的分析结果。

城市层面数据来自《中国城市统计年鉴》《中国区域经济统计年鉴》《中国城市建设统计年鉴》和各省市统计年鉴。

6.3.2 变量说明

1. 被解释变量

本章以每个子女为一个样本,被解释变量是子女是否进入高中阶段学习的虚拟变量,即是否上高中,当子女受教育年限大于9时,取值为1,否则为0。CMDS没有区分高中类别,高中包括普通高中、职业高中、中专和技校等。考虑到部分样本所上的中等职业学校并不需要参加本地中考,研究结果在一定程度上可能低估了异地中考门槛对子女高中入学的影响。

2. 核心解释变量

本章的核心解释变量是子女参加中考年份的城市异地中考门槛。本章使用层次分析法计算的异地中考门槛。首先,对各城市异地中考政策文件进行整理,将所需材料归纳为9大类,分别为身份证、户口本、居住证、合法职业、稳定住所、社会保险、学生学籍、其他证明以及报考学校限制,构建异地中考门槛指标体系,并在每个指标内根据材料和年限要求赋分;其次,对9个指标进行标准化处理,采用层次分析法确定指标权重;最后,将每个城市各指标的标准化得分与指标权重相乘并加总,得到城市的异地中考门槛指数。[①]

[①] 为保证全文统一,本章使用层次分析法计算的异地中考门槛,作者已经发表在《劳动经济研究》2023年第3期的论文使用的是熵值法计算的异地中考门槛。

3. 控制变量

由于子女教育的决策与父母技能、家庭经济情况等均有关，本章的控制变量分为家庭特征和城市特征两类。家庭层面控制变量包括子女、受访者和配偶特征变量。子女特征包括子女性别、年龄、民族、户口性质和个数；受访者特征包括性别、年龄、民族、户口性质、受教育年限、流入所在城市时间、是否有医疗保险以及家庭月收入；配偶特征包括配偶是否随迁、年龄、民族、户口性质和受教育年限。城市层面控制变量包括常住人口、人均地区生产总值、职工平均工资、商品房销售价格、第三产业从业人员比重、城镇登记失业率、落户门槛指数和普通高等学校数。

6.3.3 数据描述

变量的描述性统计如表 6-1 所示。图 6-1 展示了各城市异地中考门槛指数与流动人口子女高中阶段入学率的散点图与拟合线，从整体上看，无论是随迁子女还是留守子女，父母流入地异地中考门槛越高，子女的高中阶段入学率越低。

表 6-1 描述性统计

	(1) 均值	(2) 标准差	(3) 最小值	(4) 最大值
被解释变量				
上高中(是=1)	0.755	0.430	0	1
核心解释变量				
异地中考门槛	0.258	0.134	0.064	0.585
家庭层面控制变量				
子女性别(男=1)	0.567	0.496	0	1
子女年龄	17.640	1.191	16	20
子女民族(汉族=1)	0.946	0.227	0	1
子女户口性质(农村户口=1)	0.808	0.394	0	1
子女个数	1.782	0.697	1	6

续表

	（1）	（2）	（3）	（4）
	均值	标准差	最小值	最大值
受访者性别（男＝1）	0.535	0.499	0	1
受访者年龄	43.370	3.753	25	60
受访者民族（汉族＝1）	0.945	0.227	0	1
受访者受教育年限	8.737	2.754	0	19
受访者户口性质（农村户口＝1）	0.836	0.371	0	1
流入所在城市年限	10.330	6.616	1	43
受访者是否有医疗保险（是＝1）	0.933	0.250	0	1
配偶是否随迁（是＝1）	0.882	0.322	0	1
配偶年龄	43.320	3.910	25	71
配偶民族（汉族＝1）	0.947	0.223	0	1
配偶受教育年限	8.828	2.551	0	19
配偶户口性质（农村户口＝1）	0.818	0.386	0	1
家庭月收入（元）	7 563	5 928	0	200 000
城市层面控制变量				
常住人口数（万人）	762.577	479.734	207.100	3 048.430
人均地区生产总值（元）	72 970.760	30 693.240	16 538.200	167 411
职工平均工资（元）	59 147.200	13 302.580	36 097.700	122 749
商品房销售价格（元/平方米）	7 712.697	4 851.835	3 103.000	45 497.887
第三产业从业人员比重（%）	47.052	12.374	16.570	81.030
城镇登记失业率（%）	2.962	0.798	1.200	4.500
落户门槛指数	1.036	0.588	0.324	2.628
普通高等学校数（个）	24.035	23.158	1.000	91.000
个体样本量	7 134			
城市样本量	288			

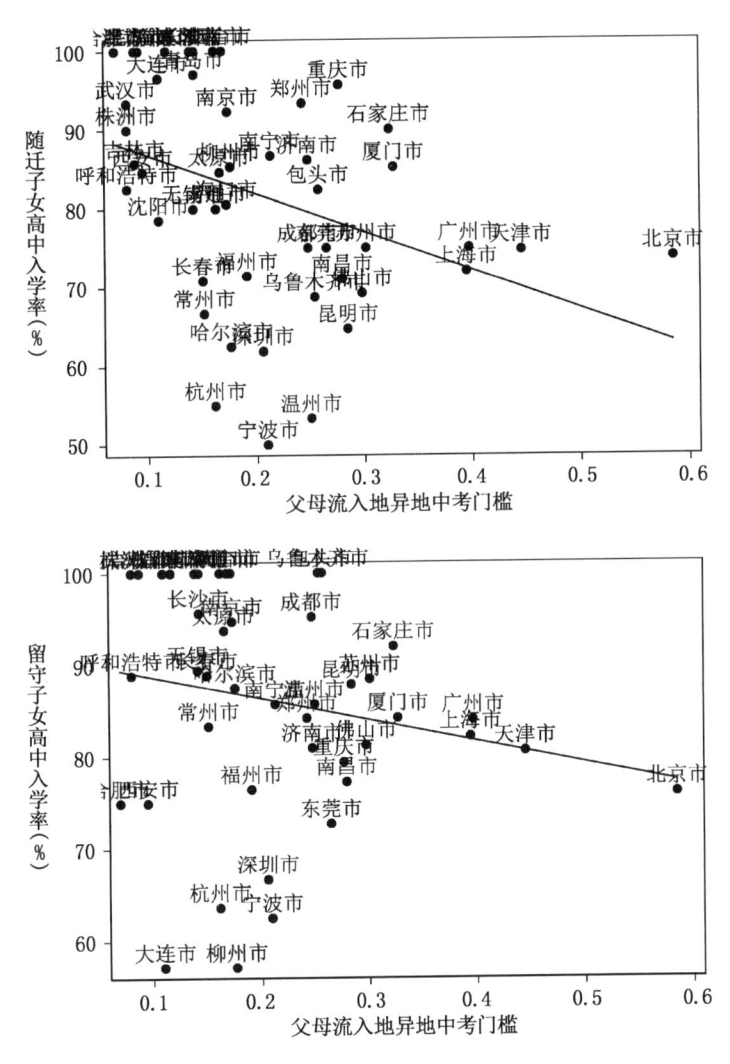

图 6-1 城市异地中考门槛与流动人口子女高中阶段入学率

6.3.4 计量模型

本书主要考察异地中考门槛对流动人口子女高中阶段入学的影响，使用 Probit 模型估计的基准回归方程如式(6.1)：

$$P(highschool_{icht}=1)=\partial_0+\partial_1 threshold_{ct}+\partial_2 X_{icht}+\partial_3 Z_{ct}+c_h+\delta_t+u_{icht}$$
（6.1）

其中,下标 i 表示子女, c 表示流入城市, h 表示户籍所在省份, t 表示流动人口子女参加中考的年份。$highschool_{icht}$ 表示子女是否进入高中阶段学习, $threshold_{ct}$ 是子女参加中考年份 t 时父母流入城市 c 的异地中考门槛,系数 ∂_1 表示异地中考门槛对流动人口子女高中阶段入学的影响, ∂_1 为负,表示异地中考门槛提高会降低流动人口子女的高中阶段入学概率。X_{icht} 为家庭层面特征变量, Z_{ct} 为子女参加中考年份 t 时城市 c 的特征变量。模型加入了流动人口户籍所在省份固定效应 c_h 和子女中考年份固定效应 δ_t,使用流入城市的聚类标准误差。

6.4 主要实证结果

6.4.1 异地中考门槛对流动人口子女高中入学的基准回归

表 6-2 汇报了模型(1)Probit 估计的边际效应。① 第 1 列只控制了家庭和流入城市特征变量,第 2 列至第 3 列逐步加入了户籍所在省份和中考年份固定效应,各列中异地中考门槛的估计系数均显著为负,第 3 列结果表明子女中考当年父母流入地异地中考门槛每增加 1 个单位,子女上高中的概率减少 21.4%。总体上看,在异地中考门槛越高的城市,流动人口子女上高中概率越低。第 4 列至第 5 列分别估计了异地中考门槛对留守子女与随迁子女是否上高中的影响。结果显示,子女中考当年父母流入城市异地中考门槛增加 1 个单位,留守子女上高中的概率减少 22.8%,随迁子女上高中的概率减少 25.4%。无论子女是留守还是随迁,他们的高中入学都受到了异地中考门槛的负面影响。

---

① 采用 OLS 模型的估计结果与 Probit 模型一致。

表 6-2　异地中考门槛与流动人口子女高中入学:基准回归

因变量:上高中	(1)	(2)	(3)	(4)	(5)
	全样本	全样本	Probit 估计 全样本	留守子女	随迁子女
子女中考当年父母流入地的异地中考门槛	−0.232*** (0.071)	−0.267*** (0.074)	−0.214*** (0.072)	−0.228*** (0.072)	−0.254** (0.110)
样本数	7 134	7 134	7 134	3 110	3 998
Pseudo R^2	0.101	0.115	0.127	0.127	0.148
家庭特征	是	是	是	是	是
流入城市特征	是	是	是	是	是
户籍所在省份固定效应		是	是	是	是
中考年份固定效应			是	是	是

注:*、**、*** 分别表示 10%、5% 和 1% 的显著性水平;括号中为流入城市层面的聚类稳健标准误。

需要注意的是,异地中考门槛除了直接减少随迁子女高中入学的机会外,还同时增加其返乡留守的可能性。实际上,当流动人口子女面临异地中考问题时,有随迁且上高中、随迁不上高中、留守上高中和留守不上高中四种选择。

为了综合考虑异地中考门槛对流动人口子女随迁和升学决策的影响,表 6-3 使用多元 Logit 模型,以随迁且上高中作为基准组,估计异地中考门槛对其他三种选择的影响。结果显示,随迁不上高中、留守上高中、留守不上高中的胜算比均为正数,分别为 1.576、2.170 和 3.681,表明异地中考门槛上升时,随迁子女在流入地放弃高中入学的概率增加,同时留守的概率更高,且在留守子女中不上高中的概率更高。从这一点来看,流动人口进入高门槛城市务工时,是以牺牲子女教育为"流动的代价"。

表 6—3　异地中考门槛与流动人口子女留守和高中入学决策

因变量:上高中	(1) 随迁且不上高中	(2) 留守且上高中	(3) 留守且不上高中
子女中考当年父母流入地的异地中考门槛	1.576** (0.655)	2.170*** (0.764)	3.681*** (0.928)
样本数	7 134	7 134	7 134
Pseudo R^2	0.150	0.150	0.150
家庭特征	是	是	是
流入城市特征	是	是	是
户籍所在省份固定效应	是	是	是
中考年份固定效应	是	是	是

注:*、**、*** 分别表示 10%、5% 和 1% 的显著性水平;括号中为流入城市层面的聚类稳健标准误;多元 Logit 模型的基准组为随迁上高中,汇报的回归系数是相对于基准组发生概率比值(Odd Ratio)的对数。

根据表 6—2 第 3 列的结果,若不考虑政策调整的一般均衡效应,以计算的 72 个城市 2015 年的异地中考门槛均值 0.224 近似为全国所有城市的异地中考门槛均值粗略测算,若于 2015 年在全国取消异地中考限制,流动人口子女高中入学率将提升 4.79%(0.224×0.214),增加 16.87 万(1.03 亿×3.42%×4.79%)①流动人口子女进入高中学习。以社保为例,若城市异地中考限制中父母单方社会保险年限要求降低一年,相当于城市异地中考门槛降低了 0.026(0.125×0.211)②,则流动人口子女上高中的比例会提高 0.56%(0.214×0.026)。

6.4.2　内生性分析

1. 基于遗漏变量的内生性分析

异地中考门槛的设置与城市的诸多特征有关,这些特征也可能会影响流动人口子女上高中的决策,尽管基准模型中控制了流入城市的经济

---

①　据联合国儿童基金会发布的《2015 年中国儿童人口状况——事实与数据》,2015 年中国流动人口子女规模为 1.03 亿;依据 2015 年 1% 人口抽样调查数据,九年级子女占比为 3.42%。

②　社会保险指标的标准化赋分为 0.125,指标权重为 0.211。

发展、生活成本、就业状况、教育公共服务水平等相关变量,但依然存在如城市生活环境等不可观测因素,这些因素可能不仅与城市异地中考门槛有关,也会影响流动人口子女是否上高中的决策,可能造成估计的偏误。对此,本文使用Oster(2019)的边界方法来检验估计结果是否稳健。

为考察遗漏不可观测因素造成的内生性问题是否会影响估计结果,本文参照Oster(2019)提出的边界方法来检查估计结果存在遗漏变量问题时是否稳健。这个测试分为两种方式。第一,假设这些看不到的因素和我们已经看到的因素同样重要,即设定不可观测变量和可观测变量的相对重要程度δ为1,然后将模型拟合优度提高到$R_{max}=1.3R$,如果偏差调整后的回归系数β^*仍显著不为0,则通过检验,结果可靠。第二,假设我们分析中的关键因素其实没有什么作用,即假设核心解释变量系数β为0,然后再把模型的拟合效果也提高到1.3倍,即拟合系数$R_{max}=1.3R$,计算不可观测变量和可观测变量的相对重要程度δ。如果得到δ的绝对值超过1,表示结果稳健,说明这些看不到的因素不足以对结果产生大的影响。表6—4结果显示,偏差调整后的回归系数仍然显著为负,且δ估计值大于1,这表明遗漏不可观测变量导致的估计偏误,不足以影响基准结果的稳健性。

表6—4   Oster边界方法的遗漏变量偏误检验结果

因变量:上高中	(1) 设定不可观测变量和可观测 变量的相对重要程度δ为1	(2) 假设核心解释变量 系数β为0
子女中考当年父母流入地的 异地中考门槛	−0.385* (0.209)	2.173

注:*、**、***分别表示10%、5%和1%的显著性水平;括号中为流入城市层面的聚类稳健标准误;控制了家庭和流入城市特征变量、户籍所在省份固定效应和中考年份固定效应。

2.基于样本自选择偏误的内生性分析

由于流动人口在选择定居城市时往往受到多种因素的影响,比如家长个人能力、对家庭团聚的偏好、对子女教育的重视程度等特征都会影响流入城市的选择,流入不同城市的家庭特征不同可能直接导致子女受异地中考门槛的影响不同。为使流入不同城市的流动人口家庭可以直接比较,我们使用倾向得分匹配方法缓解模型中因样本自选择偏误导致的估计偏误。

倾向得分匹配法的基本思路是找到与处理组相似度较高的控制组，即找到与高门槛城市的流动人口家庭特征极为相似的低门槛城市的流动人口样本。简单来说，我们把这些家庭按照异地中考门槛指数的平均值来分成高门槛和低门槛城市两类。为了确保匹配的准确性，我们采用了几种不同的方法，比如半径卡尺匹配、近邻卡尺匹配、核匹配和局部线性回归匹配。这些方法通过对比流动人口家庭中的不同特征，比如家庭户主的性别、年龄、民族、受教育年限、居住时间、收入等，以及配偶和子女的相关特征找到最接近的对比组。

以半径卡尺匹配法为例，我们通过图6-2展示了在匹配前后这些特征的标准偏差如何变化。可以看到，匹配后的协变量标准偏差均在0附近，t统计量均不拒绝处理组与控制组无系统性偏差的原假设。半径卡尺匹配前后的倾向得分的密度分布如图6-3所示，可以看到，匹配之后的处理组和对比组在得分上的分布非常相似，匹配结果较好。表6-5展示了各种匹配方法的估计结果，所有的分析都显示相对于低门槛城市，高门槛城市的流动人口子女上高中的概率更低，基准回归结果稳健。

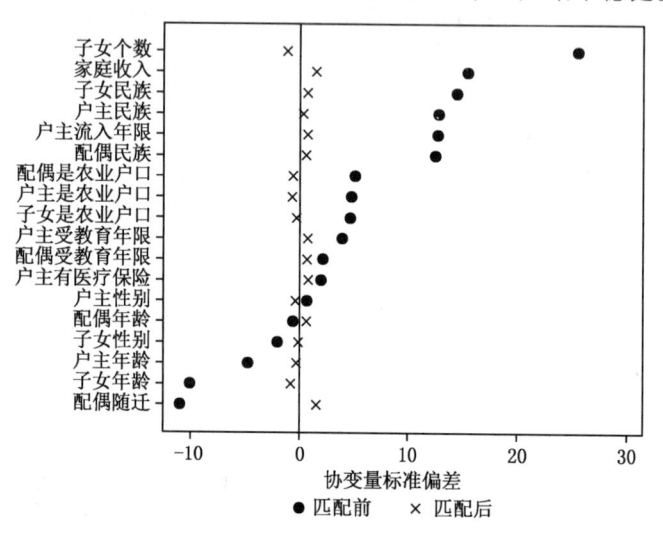

图6-2 各变量匹配前后的标准偏差

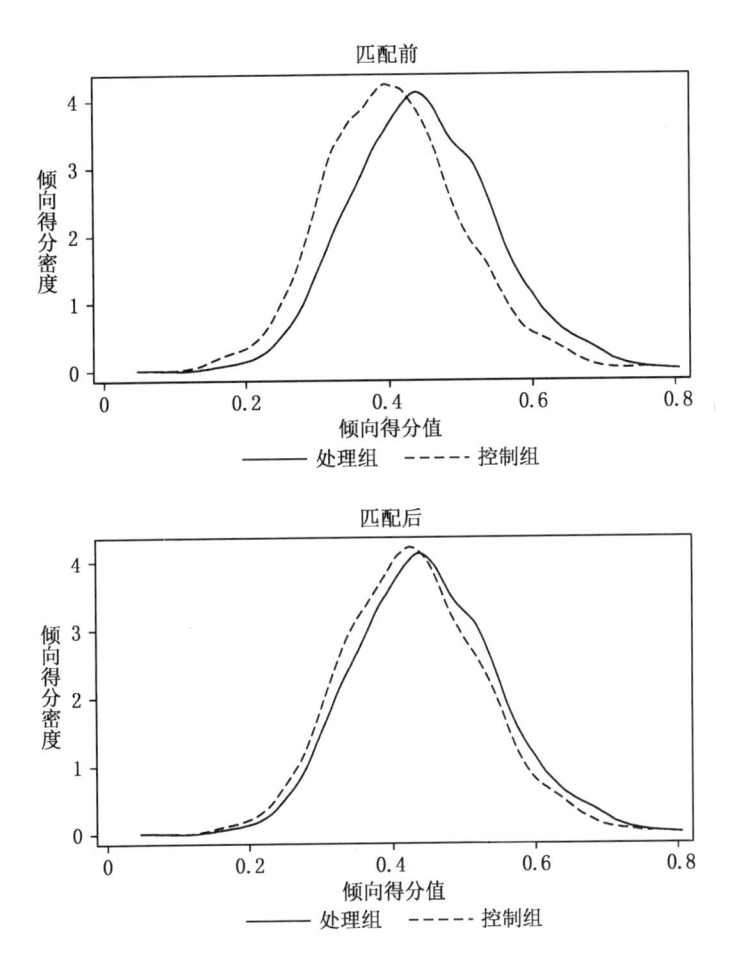

图 6—3 半径卡尺匹配前后倾向得分概率密度分布对比

表 6—5　　　　　　　　不同倾向得分方法匹配后的结果

匹配方法	高异地中考门槛	低异地中考门槛	ATT	标准误	T 值
半径卡尺匹配(Caliper=0.01)	0.733	0.762	−0.030***	0.011	−2.75
近邻卡尺匹配($N=1$)	0.733	0.771	−0.038***	0.014	−2.65
核匹配	0.733	0.764	−0.032***	0.011	−2.94
局部线性回归匹配	0.733	0.761	−0.028***	0.014	−2.00

6.4.3 稳健性检验

1. 更换异地中考门槛指标的计算方法

基准回归中使用了基于层次分析法构建的异地中考门槛指数，表6-6分别使用因子分析法(尹志超等，2014)、等权重法(张吉鹏和卢冲，2019)、投影寻踪法(吴开亚等，2010;张吉鹏和卢冲，2019)和熵值法(李虹和邹庆，2018;张吉鹏和卢冲，2019)测算的异地中考门槛进行稳健性检验，发现异地中考门槛的回归系数仍显著为负，结果稳健。

表6-6　　稳健性检验：更换异地中考门槛指数计算方法

因变量：上高中	(1)因子分析法	(2)等权重法	(3)投影寻踪法	(4)熵值法
子女中考当年父母流入地异地中考门槛	−0.053** (0.023)	−0.310*** (0.120)	−0.100* (0.054)	−0.163*** (0.061)
样本数	7 134	7 134	7 134	7 134
Pseudo R^2	0.126	0.127	0.126	0.127
家庭特征	是	是	是	是
流入城市特征	是	是	是	是
户籍所在省份固定效应	是	是	是	是
中考年份固定效应	是	是	是	是

注：*、**、***分别表示10%、5%和1%的显著性水平；括号中为流入城市层面的聚类稳健标准误。

2. 排除家长流入时间的影响

随着家长在流入城市务工时间的增加，其社会资本积累也不断增加，可能有助于帮助子女跨越异地中考政策的阻碍。表6-7分别使用在流入城市时间超过2年、3年、4年和5年的样本回归，各列结果均与基准模型一致，且异地中考门槛的回归系数在组间差异不大，这表明流入所在城市的时间长短与满足异地中考门槛的概率相关性不强。可能的原因是，异地中考政策主要对缴纳社会保险等条件有年限限制，对在本地的时长没有限制，而流入时间长并不代表其在本地缴纳社保等时间长。CMDS 2017也证实了这一点,流动人口缴纳社保和流入年限相关系数仅为 0.008。

表 6—7　　　　　稳健性检验:排除家长流入时间的影响

因变量:上高中	(1) 流入时间≥2	(2) 流入时间≥3	(3) 流入时间≥4	(4) 流入时间≥5
子女中考当年父母流入地异地中考门槛	−0.220*** (0.070)	−0.215*** (0.069)	−0.224*** (0.069)	−0.218*** (0.069)
样本数	6 916	6 573	6 156	5 608
Pseudo R^2	0.127	0.126	0.127	0.126
家庭特征	是	是	是	是
流入城市特征	是	是	是	是
户籍所在省份固定效应	是	是	是	是
中考年份固定效应	是	是	是	是

注:*、**、***分别表示10%、5%和1%的显著性水平;括号中为流入城市层面的聚类稳健标准误。

3.考虑未跨市流动的样本

基准回归中仅包括跨市流动的人口,而市内跨县流动的人口,不会受到异地中考门槛的影响。如果本文基准结果反映的只是城市的其他特征导致的结果,那么在这部分样本中,异地中考门槛的系数仍然显著为负。表6—8第1列至第3列展示了安慰剂检验的结果,异地中考门槛的估计系数均不显著,说明本文的结果并不是城市层面其他因素的影响。需要说明的是,由于 CMDS 只包括正在城市流动的人口,因此我们估计的是给定现有流动人口的影响,并不是政策变化导致人口流动带来的一般均衡效应。

表 6—8　　　　　稳健性检验:考虑未跨市流动的样本

因变量:上高中	(1)	(2)	(3)
	安慰剂检验:仅包括市内跨县流动的人口		
子女中考当年父母流入地异地中考门槛	−0.105 (0.338)	0.685 (0.462)	0.463 (0.588)
样本数	672	642	642

续表

因变量:上高中	(1)	(2)	(3)
	安慰剂检验:仅包括市内跨县流动的人口		
Pseudo R^2	0.163	0.201	0.243
家庭特征	是	是	是
流入城市特征	是	是	是
户籍所在省份固定效应		是	是
中考年份固定效应			是

注:*、**、***分别表示10%、5%和1%的显著性水平;括号中为流入城市层面的聚类稳健标准误。

4.排除家长职业的影响

考虑到不同职业群体的工作性质及收入稳定性存在较大差异,从事知识密集型或专业技术岗位的家长在子女教育方面更具优势,社会经济地位越高的家长对子女教育越重视(Kalmijn,1994),并且工作时间更为宽松或职业压力相对较小的家长会有更多的时间进行子女教育(李春玲,2003)。因此受到异地中考门槛影响时,不同行业和所在单位性质的流动人口家庭子女是否继续上高中的决策可能不同。表6—9的列1和列2中分别控制了流动人口所在行业与所属单位性质的固定效应,列3中同时控制了这两组固定效应。可以发现,各列中子女中考当年父母流入地异地中考门槛回归系数依然显著为负,基准结果稳健。

表6—9　　　　稳健性检验:排除家长职业的影响

因变量:上高中	(1) 控制行业 固定效应	(2) 控制就业单位 性质固定效应	(3) 控制行业和就业 单位性质固定效应
子女中考当年父母流入地异地中考门槛	−0.214*** (0.071)	−0.217*** (0.070)	−0.213*** (0.069)
样本数	7 134	7 134	7 134
Pseudo R^2	0.133	0.130	0.135
家庭特征	是	是	是
流入城市特征	是	是	是

续表

因变量:上高中	(1) 控制行业 固定效应	(2) 控制就业单位 性质固定效应	(3) 控制行业和就业 单位性质固定效应
户籍所在省份固定效应	是	是	是
中考年份固定效应	是	是	是

注:*、**、***分别表示10%、5%和1%的显著性水平;括号中为流入城市层面的聚类稳健标准误。

6.4.4 技能水平的异质性分析

异地中考政策设置的条件往往具有技能偏向的特征,如对稳定住所、合法职业或者缴纳社会保险等有相应的要求,图6—4分别展示了按照父母平均受教育程度、父母户口类型[①]和家庭收入位于流入城市当年百分位数分组的回归结果,均证实了异地中考门槛的技能偏向型特征。在教育分组中,父母教育水平越高,子女高中入学受异地中考门槛的影响越小,当父母平均受教育程度为高中及以上时,异地中考门槛对子女高中入学的影响不显著。在城市和农村户口的分组中,异地中考门槛只对农村户口家庭子女入读高中有显著影响。从收入上看,当家庭月收入越低时,异地中考门槛对子女上高中的负面影响越大,只有当家庭平均月收入高于当年该城市流动人口家庭收入40%时,异地中考门槛对其子女高中入学才没有显著影响。这说明异地中考门槛与落户门槛、义务教育入学门槛相似,"技能偏向性"特征十分明显,经济资本和社会资本也影响人力资本的改善和教育机会的获得(魏东霞和谌新民,2018;杨娟和宁静馨,2019)。高技能人才家庭往往更容易满足异地中考政策所需的条件,也有更强的经济能力承担子女教育支出;低技能家庭子女更容易因升学机会减少选择打工谋生。因此,异地中考门槛导致教育机会更多向家庭背景更优越的流动人口子女倾斜,降低了教育代际流动性。

---

① 当父母双方至少有一方是城镇户口时被识别为城镇户口家庭。

图 6—4 技能水平的异质性分析

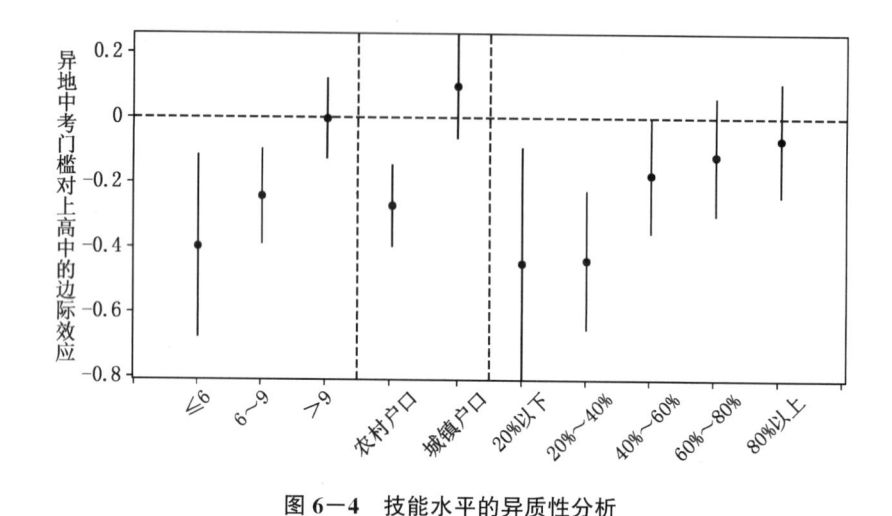

6.5 异地中考限制对人力资本积累的影响

为进一步检验异地中考门槛导致流动人口子女高中阶段入学率降低的影响机制是否成立,本节将从公共教育政策下教育机会的限制可能降低流动人口子女人力资本积累的角度进行影响机制的探讨,立足于人力资本积累的多维研究视角,具体验证异地中考限制对儿童认知、非认知能力形成与家庭教育的作用,有效识别教育政策限制对人力资本积累的影响。

6.5.1 异地中考限制对儿童认知与非认知能力的影响

在传统人力资本的研究中,能力被片面理解为认知能力,即学习、研究、理解、概括、分析的能力,随着研究的深入,与认知能力无关的自信心、好奇心、情绪稳定性、责任心、风险承受能力等非认知能力也成为人力资本理论研究的重点,早期的认知能力和非认知能力均将深刻影响个体成功的概率(Heckman et al.,2006;Cunha et al.,2010)。已有实证研究表明,低年级时拥有更高的认知技能和非认知能力的学生在未来会容易接受更高程度的教育,并且顺利完成学业(Rosenbaum,2001;Lleras,2008);针对中国流动儿童的研究也验证了小学阶段人力资本的积累会影响其高中的入学率(Chen et al.,2020)。

本节首先使用中国教育追踪调查(China Education Panel Survey,CEPS)2013—2014学年基线调查数据,检验异地中考限制对随迁子女[①]认知和非认知能力的影响。参考 Chen et al.(2020)和 Gong et al.(2018)的研究,使用标准化的认知能力得分和语文、数学、英语成绩衡量认知能力。其中,认知能力得分来自 CEPS 问卷中专门设计的认知能力测试题,测量了学生的语言、图形和计算逻辑三个方面,语数英三科成绩来自问卷中提供的学生期中考试成绩。非认知能力的测度是结合大五人格理论,并参考龚欣和李贞义(2018)和郑力(2020)的研究,依据 CEPS 问卷信息,确定了思维开通性、消极情绪性、自律性和社会性4类变量,具体指标如表6—10所示。为使各个指标具有可比性,我们对每一个问题的回答进行标准化处理,使之成为均值为0、方差为1的标准变量,然后对每类变量中问题的回答取平均值,获得各个非认知能力变量的得分,分值越大,表示儿童在该维度上的非认知能力越强。

表6—10　　　　　　　　非认知能力变量与题项

变量	问题	回答与赋分
思维开通性	我能够很清楚地表述自己的意见 我的反应能力很迅速 我能够很快学会新知识	完全不同意=1,不太同意=2,比较同意=3,完全同意=4
消极情绪性	在过去的七天内,你是否感觉沮丧 在过去的七天内,你是否感觉不快乐 在过去的七天内,你是否感觉悲伤 关于学校生活,你是否同意我在这个学校里感到很无聊	从不=1,很少=2,有时=3,经常=4,总是=5

[①] 在 CEPS 数据中,只有在户籍地以外的儿童才会回答有关异地中考难度的问题。使用随迁子女样本仍可以进行影响机制的检验,因为子女随迁和留守的状态是动态变化的,在随迁时,异地中考门槛给儿童人力资本积累带来的负面影响,也将影响后期儿童留守之后的高中入学率。

续表

变量	问题	回答与赋分
不自律性	关于学校生活,你是否同意我经常迟到 关于学校生活,你是否同意我经常逃课 关于学校生活,你是否同意班主任老师经常批评我	完全不同意=1,不太同意=2, 比较同意=3,完全同意=4
社会性	关于学校生活,你是否同意班主任老师经常表扬我 关于学校生活,你是否同意班里大多数同学对我很友好 关于学校生活,你是否同意我认为自己很容易与人相处 关于学校生活,你是否同意我经常参加学校或班级组织的活动 关于学校生活,你是否同意我对这个学校的人感到亲近	完全不同意=1,不太同意=2, 比较同意=3,完全同意=4

由于无法得知学生所在的具体城市,我们不能直接使用上文计算的异地中考门槛来衡量城市的异地中考难度,这里使用家长问卷中"按照当地政策,孩子能否在本市报考高中"衡量所在地的异地中考限制,该题项含有 4 个答案,包括"可以报考重点高中""只能报考普通高中,不能报考重点高中""重点和普通高中都不能报考"以及"不知道"。我们剔除了回答不知道的样本,在模型中加入两个虚拟变量以区分报考难度。具体模型设定如式(6.2):

$$human\_capital_{isp} = \beta_0 + \beta_1 restriction1_{isp} + \beta_2 restriction2_{isp} + \beta_3 X_{isp} + \delta_s + u_{isp} \tag{6.2}$$

其中,下标 i 表示学生,s 表示学校,p 表示班级。被解释变量 $human\_capital_{isp}$ 是学生 i 的人力资本水平(认知与非认知能力)。当家长回答"只能报考普通高中,不能报考重点高中"时,$restriction1_{isp}$ 取 1,$restriction2_{isp}$ 取 0;当家长回答"重点和普通高中都不能报考"时,$restriction1_{isp}$ 取 0,$restriction2_{isp}$ 取 1。X_{isp} 表示家庭和班级特征变量,家庭特征变量包括学生性别、年级、户口类型、民族、家庭子女个数、父母的受教育年限和父母是否与子女同住。班级特征变量包括班主任年龄、教龄、性别、班级学生数、班级性别比、班级本县(区)户口学生比例和班级农业户口学生比例。δ_s 为学校固定效应，u_{isp} 是随机误差项，使用班级层面的聚类标准误。

表 6-11 和表 6-12 分别报告了异地中考限制对儿童认知能力和非认知能力影响的估计结果。可以发现，不能报考重点高中的限制与普通高中和重点高中都不能报考的限制均会显著降低儿童的认知能力水平；在非认知能力方面，不能报考重点高中的限制激发了儿童的消极情绪，并且对儿童的社会性产生了显著的负面影响。可见，制度性障碍带来的教育资源供给不足使流动人口子女的教育存在重重阻碍，加剧了人力资本积累的困难。

表 6-11　异地中考限制对儿童认知能力的影响

因变量：	（1）认知能力标准化得分	（2）标准化语文成绩	（3）标准化数学成绩	（4）标准化英语成绩
只能报考普通高中，不能报考重点高中	-0.171*** (0.055)	-3.047*** (0.658)	-2.430*** (0.777)	-1.850** (0.733)
普通高中和重点高中都不能报考	-0.115 (0.073)	-2.739*** (0.891)	-2.428*** (0.834)	-1.649* (0.923)
样本数	1 451	1 402	1 400	1 394
R^2	0.315	0.241	0.134	0.222
家庭和班级特征变量	是	是	是	是
学校固定效应	是	是	是	是

注：*、**、*** 分别表示 10%、5% 和 1% 的显著性水平；括号中为班级层面的聚类稳健标准误。

表 6-12　异地中考限制对儿童非认知能力的影响

因变量：	（1）思维开通性	（2）消极情绪性	（3）不自律性	（4）社会性
只能报考普通高中，不能报考重点高中	-0.098 (0.062)	0.097* (0.058)	0.092 (0.057)	-0.181*** (0.052)
普通高中和重点高中都不能报考	-0.117 (0.081)	0.119 (0.077)	0.080 (0.066)	-0.030 (0.080)
样本数	1 380	1 403	1 439	1 411

续表

因变量：	(1)思维开通性	(2)消极情绪性	(3)不自律性	(4)社会性
R^2	0.121	0.138	0.083	0.154
家庭和班级特征变量	是	是	是	是
学校固定效应	是	是	是	是

注：*、**、***分别表示10%、5%和1%的显著性水平；括号中为班级层面的聚类稳健标准误。

6.5.2 异地中考限制对家庭教育的影响

家庭是儿童接受教育的最初和最主要的场所，这种教育长期、全面、渗透性强，能在潜移默化中塑造子女的价值观与行为习惯等（Cunha et al.，2010）。在孩子还未到中考年龄时，流动儿童父母预期到以现有的家庭条件，子女未来难以在大城市获得继续接受教育的机会，这直接挫伤了父母对子女教育的追求，降低了家长对子女的教育投入。家长对子女教育关注度的降低也在潜移默化中挫伤了子女的积极情绪，使子女的成长环境处于弱势。青春期是个体发展的关键节点，儿童将这些细微变化转化为自身的行为模式，影响着个体未来的成就（Borghans et al.，2008）。为此，我们进一步验证异地中考门槛对家庭教育的影响，具体使用家庭教育期望与家庭教育投入两方面指标度量父母对子女教育态度上的变化。

其中，家庭教育期望使用CEPS数据家长问卷中"您希望孩子读书最高读到什么程度"和"您对这个孩子的成绩有些什么要求"两个问题衡量。关于家庭教育投入，我们使用CEPS数据家长问卷中"您平均每天直接花在孩子身上的时间（生活照料、学习辅导、娱乐玩耍）"和"本学期，孩子上校外辅导班或学习兴趣班每学期所需要的费用"分别衡量时间与经济投入。表6—13的结果显示，不能报考重点高中的限制与普通高中和重点高中都不能报考的限制均显著降低流动人口对子女的教育期望和成绩要求，同时也减少家长每天陪伴孩子的时间和对孩子课外教育支出。

表 6-13　异地中考限制对家庭教育期望和家庭教育投入的影响

因变量：	(1) 家长对子女的 教育期望	(2) 家长对孩子的 成绩期望	(3) 时间投入	(4) 经济投入
只能报考普通高中，不 能报考重点高中	−0.678*** (0.170)	−0.611*** (0.149)	−0.381 (0.479)	−0.459* (0.278)
普通高中和重点高中 都不能报考	−0.349* (0.203)	−0.679*** (0.174)	−1.190** (0.545)	−0.079 (0.350)
样本数	1 442	1 435	1 451	1 369
R^2	0.074	0.061	0.088	0.247
家庭和班级特征变量	是	是	是	是
学校固定效应	是	是	是	是

注：*、**、***分别表示10%、5%和1%的显著性水平；括号中为班级层面的聚类稳健标准误。

回归结果证实了我们的猜想，升学制度的限制明显挫伤了父母对子女教育期望，降低了家庭对子女的时间和经济投入。结合已有研究，父母对子女教育期望的降低和教育投入的下降对子女的学业生活有负面效应，降低了子女后续的受教育程度（张雪和张磊，2017；方超和黄斌，2019；Blandin & Herrington，2022）。这意味着异地中考限制确实会通过降低家长对子女的教育期望和经济与时间投入这一渠道，阻碍流动人口子女的高中入学，这一结果的出现将加剧处境不利家庭的教育累积劣势，拉大流动人口与其他群体之间的教育"鸿沟"。

6.6　研究结论和建议

本章考察了针对随迁子女升学的异地中考政策对流动人口子女高中入学机会，以及人力资本积累的影响。利用层次分析法计算的异地中考门槛指数和2017年流动人口动态监测调查数据的实证结果发现，在异地中考门槛越高城市的流动人口子女，无论随迁或者留守，其进入高中阶段学习的概率均越低，这一结果在使用Oster(2019)的无工具变量推断法处理内生性问题后仍然稳健。此外,升学政策的限制不利于社会阶层的流动,父母受教育程度和收入较低,以及农村户口家庭的子女高中入学受异地中考门槛影响更大。本章还使用CEPS数据分析异地中考门槛对流动人口子女人力资本积累的影响,当异地中考门槛上升时,儿童的认知与非认知能力出现了一定程度的下滑,父母教育期望下降,并且减少了对子女教育的时间与经济投入。

当前,世情、国情、民情发生深刻变化,对教育事业的战略定位、历史使命和目标任务提出了新的更高要求。习近平总书记在2023年多次提出关于教育的重要论述,要把促进教育公平融入深化教育领域综合改革的各方面各环节,努力让每个孩子都能享有公平而有质量的教育,以教育之力厚植人民幸福之本。

本章的研究发现,现有的城市异地中考门槛与国家加快建设高质量教育体系的目标有所偏离。随迁子女跟随父母进入城市,是希望能够接受优质的教育,以期通过自身努力改变原有阶级地位。但以父母工作、住房、社保缴纳证明等为依据的异地中考制度,很大程度上限制了低技能流动人口子女的受教育机会,阻碍了教育在助力代际流动和共同富裕中的重要作用。

由此提出政策建议如下:第一,放宽对随迁子女教育的限制,有助于提升未来城市的劳动力质量,同时也促进了教育机会的公平。地方政府应结合"推进新型城镇化"背景,加快放宽异地中考限制的改革进程,将随迁子女纳入教育规划,建立以城市常住人口为基数的教育财政转移支付制度,精准定位政策帮扶群体,增加学位供给,扩大异地中考政策惠及面,解决流动人口子女升学难的根本问题。第二,淡化异地中考政策制定的技能偏向性,建立以居住年限为主要评判标准的异地中考政策,使得不同技能水平的流动人口子女获得的教育机会更加公平。第三,在推动异地中考政策改革的同时,努力打破影响流动人口子女公平享有教育权利的文化障碍,保护流动儿童群体的自我认同感,营造积极的社会氛围,让所有流动人口子女在城市中能够健康、快乐地成长。

第7章 异地中考政策对流动人口家庭在流入城市消费的影响[①]

7.1 引言

如何提振居民消费能力,建立和完善扩大居民消费的长效机制是亟待研究的重大时代课题。在经济下行叠加疫情和复杂多变的国际政治经济环境等多重负面冲击的背景下,党的二十大报告强调,要增强消费对经济发展的基础性作用,增强内需对经济增长的拉动力。2023年政府工作报告也指出,要把恢复和扩大消费摆在优先位置,推动消费潜力进一步释放。扩大内需已成为我国经济稳中求进的重要保障,而采用宽松的宏观政策只能带来短期的刺激效果,想要从长期提振国内消费,更应该关注制度改革,进行深刻的结构性调整(汤铎铎等,2020;王一鸣,2020)。

新型城镇化作为畅通国内大循环的基点,是扩大内需实现经济可持续发展中少数可用的红利。2022年12月,中共中央、国务院印发《扩大内需战略规划纲要(2022—2035年)》,特别提出要推进新型城镇化和城乡区域协调发展,把扩大内需战略和新型城镇化战略有序衔接,促进形成强大国内市场,着力挖掘内需潜力。新型城镇化是以人为核心的城镇化,是人口向城镇聚集的过程。2020年七普数据显示,我国流动人口总量达3.76亿,占总人口比例的26.7%,大量城市流动人口比例稳定超过

[①] 本章内容来自:邹月晴、陈媛媛、宋扬. 流动人口家庭在流入城市消费不足的制度性约束——基于城区人口100万以上城市随迁子女升学政策的实证分析[J]. 财经研究,2023(12):106-120.

10%,东莞、深圳等城市甚至达到70%以上。随着城市流动人口群体不断壮大,其在流入地释放的消费潜力在城镇化带动消费的过程中起到关键作用;但囿于我国二元经济结构制度的限制,流动人口在流入地面临经济、文化、制度、身份认同等困境,不能享受到与本地居民同等的待遇,边际消费倾向相较于本地户籍人口较低(陈斌开等,2010;程杰和尹熙,2019)。若能提高流动人口群体的消费,将大幅提升城市的整体消费水平,拉动经济增长。

为破解流动人口在流入地"留居不消费"的困境,现有文献主要从与户籍制度配套的就业、医疗、养老等与成人直接相关的社会保障政策的角度出发,分析其对流动人口家庭本地消费的抑制效应(陈斌开等,2010;钱文荣和李宝值,2013;卢海阳,2014;张勋等,2014;汪润泉和赵彤,2018),但鲜有研究从随迁子女教育政策的角度探讨这一问题。不容忽视的是,21世纪后,家长对子女教育和人力资本积累高度重视,子女受教育机会的冲击往往会改变家庭成员的劳动供给或者迁移的决策,进而影响家庭收入与消费储蓄行为(杨汝岱和陈斌开,2009)。我国的随迁子女教育政策主要包括义务教育入学政策和异地中高考政策。自2001年政府颁布流动儿童接受义务教育的"两为主"政策以来,流动儿童异地接受义务教育的问题已得到缓解。至2020年,已有85.8%的流动人口随迁子女可在公办学校就读或者享受政府购买学位的服务。但随着就业市场对学历要求不断提高,流动人口对子女教育越发重视,子女义务教育阶段后的异地中考和高考问题日益突出。政策梳理显示,绝大部分省份的异地高考政策,都要求随迁子女在本地有三年高中学籍,异地高考的限制多以异地中考限制为基础,能否在流入地参加中考是更为前置的问题。

本章试图从随迁子女教育政策中异地中考政策的视角,研究大城市流动人口家庭在流入地消费不足的制度性约束。本章通过收集城区人口在100万以上的72个大城市的异地中考政策文件,使用层次分析法计算了2013—2018年各城市的异地中考门槛指数,并利用2014—2017年流动人口动态监测调查数据(CMDS)，从微观家庭视角就异地中考政策对流动人口家庭在流入城市消费的影响进行实证检验。结果表明，对于城区人口100万以上的城市，随子女年级上升，异地中考政策越严格的城市，流动人口家庭在流入城市的消费水平越低，该结果在排除落户政策、义务教育入学政策、异地高考政策、子女年龄效应和城市层面等其他因素后，仍保持稳健。异质性分析显示这一抑制作用对于中等学历、城镇户口和有男孩的家庭更大。

为进一步探讨异地中考政策对流动人口家庭消费的影响机制，本章结合跨期平滑消费、预防性储蓄动机等家庭消费的决策理论，使用2014—2017年CMDS与2014—2018年中国家庭追踪调查数据(CFPS)，进行以下三种机制的检验。第一，当子女升学受阻时，家长对子女的教育期望可能存在不同程度的降低(刘谦,2015)，这时家长预期到子女永久性收入减少，未来的不确定性增加，预防性储蓄动机增加导致家庭消费水平降低(Boar,2021)。第二，部分家长可能会预期到子女未来无法参加中考，让其提前返乡读书成为留守儿童。家庭成员的离开导致家庭在流入城市消费减少是必然的，同时，为补偿无法陪伴子女的心理，也会促使家长汇回比子女在自己身边所需更多的钱款(Poeze et al.,2017;Yang & Bansak,2020)，从而压缩自己在流入城市的消费。第三，部分家长可能会因为子女升学受到阻碍，计划未来举家返乡或者流入异地中考门槛较低的城市，在流入城市的留居意愿降低。高流动性带来了收入的不确定性，根据预防性储蓄假说与生命周期理论，流动人口会减少家庭在流入城市的非必需支出(陈斌开等,2010)，将更多的积蓄汇回老家或留给未来使用。前两种机制均在实证中得到验证，然而本章发现随子女年级上升，异地中考门槛并没有显著降低流动人口的留居意愿。

本章的边际贡献表现为以下三点：

第一，关于流动人口消费影响因素的研究多落脚于人口学特征、家庭特征、流动模式、人力资本等因素(Rosenzweig et al.,1989;Galor & Stark,1990;Carroll et al.,1999;Cheng,2021)，从制度层面分析的研究也多集中在医疗、养老、就业制度等(钱文荣和李宝值,2013;卢海阳,2014;张勋等,2014;汪润泉和赵彤,2018)。本章从随迁子女升学政策出发,为识别影响流动人口家庭消费的制度性障碍提供进一步的证据,对在当前复杂经济形势下畅通经济循环,以体制、机制为抓手激发城镇化的内需潜力,更好响应国家提出的"提振居民消费能力"的政策关切具有重要意义。

第二,现阶段对随迁子女教育政策的实证研究主要围绕义务教育入学政策(胡霞和丁浩,2016;李超等,2018;吴贾和张俊森,2020;朱琳等,2020;李尧,2022),关于异地中考政策影响的实证研究大部分只对政策做简单的分类区分(王毅杰和黄是知,2019;陈宣霖,2021;贾婧等,2021)。相比而言,异地中考政策直接影响本地的高考招生竞争程度,改革进程缓慢,且异地中考限制条件更严格,受影响的流动人口家庭范围更大。本章将视角聚焦于异地中考政策,不仅分析了异地中考政策对流动人口家庭消费的影响,还从家庭教育期望、子女留守决策和家长留居意愿等角度分析政策影响的机制,促使政策制定者更为全面地审视异地中考政策对流动人口家庭的可能影响,为有效检验异地中考政策的实施效果和完善政策方案提供了更加科学的支撑。

第三,为提振国内大循环提供了新的政策启示。研究结果显示,放宽随迁子女的升学限制对城市自身发展具有双重好处,一方面,激发流动人口消费热情与活力,对解决疫情影响之下的需求收缩,刺激城市经济复苏具有重要作用;另一方面,放宽升学限制会使得儿童受教育机会增加,留守概率降低,这不仅有助于流动儿童自身的人力资本积累,对城市长期的人力资本结构和产业结构优化升级也发挥积极作用(魏东霞和陆铭,2021)。从国家整体发展的角度来看,推动异地中考的深化改革对促进教育公平、稳步推进新型城镇化、推动高质量发展和实现共同富裕也有深刻的政策含义。

7.2 理论分析与研究假说

7.2.1 异地中考门槛与流动人口家庭在流入城市的消费

户籍制度作为中国现行的基础性制度体系,将公共服务资源享有权与个人的户口所在地绑定在一起。外来劳动力由于无法在流入城市享受到完整的社会保障和公共服务,工作和留居稳定性较差,因此与同等收入水平的本地居民相比,具有更强的预防性储蓄动机,消费倾向较低(陈斌开等,2010;Chen et al.,2015)。异地中考政策作为户籍制度体系的配套教育政策,通过设置以居住证为主要依据,社保缴纳证明、工作证明、住房证明、学生学籍等为参考的针对随迁子女参加中考的门槛性条件,限制了流动人口随迁子女在流入城市正常升入高中的权利(吴霓和朱富言,2014)。可以说,异地中考政策将流动人口及其子女挡在了城市发展的门外,在现有的随迁子女升学制度限制下,流动人口家庭难以在流入城市释放出真正的消费潜力。同时,根据预防性储蓄理论,当未来不确定性增加时,风险厌恶的消费者会为防止未来消费水平下降,进行更多的预防性储蓄。异地中考政策使义务教育阶段的流动人口子女面临未来失学的风险,子女在流入城市接受教育的不确定性会直接增大流动人口家庭的不确定性,进而增强流动人口家庭的预防性储蓄动机,导致流动人口家庭减少在流入城市的即期消费。据此,我们提出假说1:

假说1:异地中考门槛会抑制流动人口家庭在流入城市的消费。

7.2.2 异地中考门槛影响流动人口家庭在流入城市消费的机制

对于多数流动人口而言,异地中考政策意味着不小的挑战。根据教育部统计数据,2017年随迁子女普高招生人数只占2014年随迁子女初中招生人数的27.53%,仅为全国平均水平的一半。目前还有大量流动人口子女无法满足异地升学条件,随迁子女在父母流入地升学仍面临重重障碍(吴霓和朱富言,2014)。当流动人口子女难以满足参加异地中考的要求时,家长在考虑子女的教育决策和家庭的流动决策后,会存在选择让子女在流入城市放弃升学、子女返乡留守和流动人口举家返乡三种情况①:

情况一,面对严苛的异地中考限制,流动人口预期到子女未来可能被迫在流入城市放弃升学,对子女的教育期望可能会因此下降。教育作为一种投资,能产生潜在的终生收入(Lazear,1977;Aina & Sonedda,2018)。在我国,父母会为提升子女在婚姻市场上的竞争力提前积累财富(Wei & Zhang,2011),子女提供的收入支持也是老人养老的重要来源(Cai et al.,2006;Zhang & Goza,2006)。因此,当家庭对子女的教育期望降低时,父母预期到子女永久性收入减少,收入不确定性增加,父母的预防性储蓄动机提高,会抑制家庭的消费行为(Boar,2021)。据此,我们提出假说 2a:

假说 2a:异地中考门槛可能通过降低父母对子女的教育期望,进而抑制流动人口家庭在流入城市的消费。

情况二,当在父母流入城市正常接受教育受限时,子女可能会返回户籍地就读,成为留守儿童(魏东霞和谌新民,2018)。子女留守对流动人口家庭消费的影响在文献中已得到证实,胡霞和丁浩(2016)的研究表示,子女随迁的流动人口家庭比子女未随迁的家庭消费水平高约 16%~17%,消费率高约 12%~13%。一方面,这是由于家庭成员的离开导致家庭在流入城市消费的必然减少;另一方面,流动人口为了感谢亲戚照看子女(Poeze et al.,2017),或由于缺席陪伴子女产生以金钱补偿的心理(Yang & Bansak,2020),会尽力汇回比子女在身边所需的更多的钱款,因此最大限度地压缩自己在流入城市的消费。据此,我们提出假说 2b:

假说 2b:异地中考门槛可能通过促使子女留守,进而抑制流动人口家庭在流入城市的消费。

情况三,当面临异地中考限制时,部分重视亲子陪伴和子女教育的流

---

① 这里不考虑流动人口子女不参加异地中考,直接入读民办高中的情况,因为民办高中学位少且学费高,仅有极少经济能力强、社会资源丰富的流动人口家庭可以承担。

动人口在权衡城乡收入差异与亲子分离的成本之后,可能会计划与子女一同返乡,或者举家流入异地中考门槛较低的城市,这会导致流动人口在流入城市的留居意愿下降(Wang et al.,2019)。根据预防性储蓄假说与持久性收入理论,高流动性带来的工作和收入的不确定性会使得流动人口将更多的积蓄留给未来使用,因此若流动人口留居意愿下降,家庭在流入城市的消费也会出现一定程度的下降(Galor & Stark,1990;陈斌开等,2010;Dustmann & Gorlach,2016)。据此,我们提出假说2c:

假说2c:异地中考门槛可能通过降低流动人口在流入城市的留居意愿,进而抑制流动人口家庭在流入城市的消费。

7.3 研究设计

7.3.1 样本数据

本文基准结果使用2014—2017年流动人口动态监测调查数据(CMDS)。[①] 样本限定流动人口子女为1~9年级、家长年龄为60岁及以下、流入城区人口在100万以上的72个城市中的跨市流动人口[②],剔除家长生活不能自理、已离婚或丧偶或流入城市时长少于一年的样本,最终获得100 202个家庭样本。城市层面数据来自《中国城市统计年鉴》《中国区域经济统计年鉴》、各省市统计年鉴与各地市国民经济和社会发展统计公报。

本章关注的是异地中考门槛对流动人口家庭在流入城市消费的影响。图7—1展示了CMDS 2014—2017城市异地中考门槛与流动人口家庭平均消费的散点图和回归拟合曲线。可以看出,随着异地中考门槛的升高,城市流动人口家庭平均消费水平明显降低。表7—1给出了基准回

[①] 由于各城市异地中考政策在2013年出台,基准模型使用滞后一期的异地中考门槛,且2018年CMDS中没有流动人口户籍所在省份信息,因此本文使用CMDS 2014—2017。

[②] 描述性统计分析发现,相比于流入城区人口在100万以下城市的流动人口,本章更多反映的是受教育水平较高,家庭收入和消费水平较高的流动人口群体的结果。

归中使用变量的描述性统计。2014—2017 年流动人口家庭平均月消费水平 3 373.331 元,对比胡霞和丁浩(2016)使用 2013 年 CHIP 数据库计算的流动人口月均消费 3 170 元,数据基本一致。城市异地中考门槛均值为 0.241,儿童平均年级为 4.730,其中男孩占比 53.6%。户主平均年龄为 37.492 岁,配偶随迁率为 93.5%。

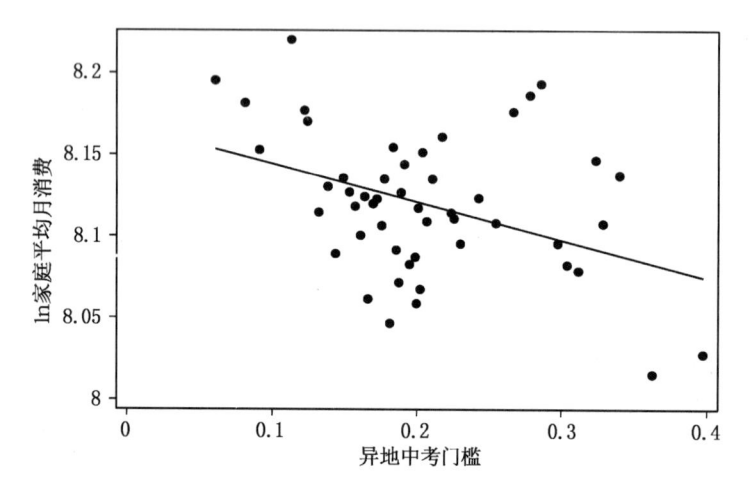

图 7—1 异地中考门槛与流动人口家庭平均月消费

表 7—1 变量描述性统计

	(1) 均值	(2) 标准差	(3) 最小值	(4) 最大值
被解释变量				
家庭消费(元/月)	3 373.331	1 381.971	749.454	10 060.360
核心解释变量				
异地中考门槛	0.241	0.128	0.064	0.585
子女年级	4.730	2.586	1	9
家庭特征变量				
子女性别(男=1)	0.547	0.498	0	1
子女个数	1.630	0.619	1	6
户主性别(男=1)	0.536	0.499	0	1

续表

	(1) 均值	(2) 标准差	(3) 最小值	(4) 最大值
户主年龄	37.492	5.141	25	60
户主民族(汉族=1)	0.946	0.227	0	1
户主受教育年限	9.467	2.440	0	19
户主户口(农村=1)	0.871	0.335	0	1
流入所在城市年限	6.665	5.142	1	43
配偶是否随迁(是=1)	0.935	0.246	0	1
配偶年龄	37.403	5.153	18	66
配偶民族(汉=1)	0.945	0.228	0	1
配偶受教育年限	9.465	2.363	0	19
配偶户口(农村=1)	0.865	0.342	0	1
家庭收入(元/月)	6 481.095	2 667.709	2 000	20 000
城市特征变量				
常住人口(万人)	762.577	479.734	207.100	3 048.430
人均地区生产总值(元)	72 970.760	30 693.243	16 538.200	167 411.000
职工平均工资(元)	59 147.199	13 302.581	36 097.700	122 749.000
商品房销售价格(元/平方米)	8 486.041	6 541.382	3 103.000	49 898.000
第三产业增加值占比(%)	46.913	10.706	16.440	80.230
家庭层面样本量		100 202		
城市×年份层面样本量		288		

注：个体层面的数据来自 2014—2017 年流动人口动态监测调查数据(CMDS)，城市层面的数据来自《中国城市统计年鉴》《中国区域经济统计年鉴》、各省市统计年鉴与各地市国民经济和社会发展统计公报。

7.3.2 计量模型

本章主要考察异地中考门槛对流动人口家庭在流入城市消费的影响，构建模型如式(7.1)：

$$Lnexpense_{icht} = \beta_0 + \beta_1 threshold_{c,t-1} \times kidgrade_{icht} + \beta_2 kidgrade_{icht} + \\ \beta_3 threshold_{c,t-1} + \beta_4 X_{icht} + \beta_5 Z_{c,t-1} + p_c + c_h + r_t + u_{icht}$$

(7.1)

其中,下标 i 表示流动人口家庭, c 表示流入城市, h 表示户籍所在省份, t 表示年份。被解释变量 $Lnexpense_{icht}$ 是家庭在流入城市平均每月总消费的对数,来自 CMDS 问卷中的问题"过去一年,您家在本地平均每月总支出"。由于数据的限制,我们无法获得流动人口家庭在户籍地的消费,或者向户籍地汇款的信息。为剔除物价的影响,使用各年份城市居民消费价格指数将家庭消费、收入等价值型变量转化为以 2014 年为基期的实际值(易行健和周利,2018)。$threshold_{c,t-1}$ 表示滞后一期流入城市的异地中考门槛。$kidgrade_{icht}$ 表示子女年级,以 9 月 1 日前年满 6 周岁为小学入学年龄推算。如果家庭有两个及以上处于义务教育阶段的子女,使用较大的子女年级。

由于每个城市的异地中考政策与城市的经济发展情况等影响消费的因素相关,在模型中单独使用异地中考门槛估计会存在遗漏变量引起的偏误。而异地中考政策与其他政策最主要的差别是当儿童越接近中考时,该政策的影响越大。一方面,当政策影响的时间点还比较远的时候,预期的影响会比较弱(Trope & Liberman,2010);另一方面,政策随着时间的推移也在不断变化,不排除一些家长期望等孩子到中考年龄时政策会放松。因此,随着子女年级上升,距离中考越来越近,家长会越来越清晰地意识和感受到异地中考政策的影响。为更好地识别异地中考门槛的影响,我们着重关注异地中考门槛与子女年级的交互项系数 β_1。如果 β_1 的符号为负,表明流动人口家庭所在城市的异地中考门槛越高,其消费量随子女年级上升而减少得更多,即异地中考门槛对流动人口家庭消费有抑制作用。

由于家庭消费水平受家庭情况的影响,模型同时控制了家庭特征变量 X_{icht},包含子女特征、户主特征和配偶特征。其中子女特征包括子女性别和子女个数;户主特征包括户主性别、年龄、民族、受教育年限、流入所在城市时间、户口类型以及家庭月收入。配偶特征包括配偶是否随迁、年龄、民族、受教育年限和户口性质。由于家庭消费以及异地中考门槛的设置与城市特征有关,模型中也控制了滞后一期的城市层面特征变量 $Z_{c,t-1}$,具体包括常住人口数、人均地区生产总值、职工平均工资、商品房销售价格和第三产业增长值占比。同时,模型加入了流入城市固定效应 p_c,户籍所在省份固定效应 c_h 和年份固定效应 r_t,使用流入城市的聚类标准误。

7.4 主要实证结果

7.4.1 基准回归

表 7—2 展示了模型(1)的回归结果。列 1~3 逐步加入控制变量和固定效应,列 3 异地中考门槛和子女年级交互项的回归系数显著为负,表明在异地中考门槛越高的城市,家庭消费随着子女年级上升而减少得越多。列 4~5 分别展示只有 1 个子女和有 2 个及以上子女样本的估计结果,结果显示异地中考门槛对这两组家庭消费均有抑制作用。列 6 将子女年级替换为子女是否处于初中阶段的虚拟变量[①],结果显示,初中阶段的虚拟变量和异地中考门槛的交互项显著为负,这说明相比拥有小学阶段子女的流动人口家庭,拥有初中阶段子女的流动人口家庭消费受到异地中考门槛的负面影响更大。至此假说 1 得到了验证。

表 7—2 基准模型:异地中考门槛对流动人口家庭在流入城市消费的影响

因变量:ln(家庭消费)	(1)全样本	(2)全样本	(3)全样本	(4)1个子女	(5)2个及以上子女	(6)全样本
子女年级×异地中考门槛	−0.012*(0.006)	−0.008**(0.003)	−0.008**(0.003)	−0.009**(0.004)	−0.006*(0.004)	

---

① 对小学初中的划分是五四制的城市(哈尔滨、大庆、上海、济宁、淄博和烟台)做了相应调整。

续表

因变量:ln(家庭消费)	(1) 全样本	(2) 全样本	(3) 全样本	(4) 1个子女	(5) 2个及以上子女	(6) 全样本
初中阶段×异地中考门槛						−0.044** (0.018)
子女年级	−0.003** (0.001)	−0.001 (0.001)	−0.001 (0.001)	−0.003* (0.001)	−0.001 (0.001)	
初中阶段						−0.000 (0.004)
异地中考门槛	0.116 (0.117)	0.217 (0.131)	0.119 (0.105)	0.144 (0.138)	0.082 (0.102)	0.092 (0.103)
样本数	100 202	100 202	100 202	43 863	56 339	100 202
Adjusted R^2	0.002	0.470	0.472	0.473	0.465	0.471
家庭特征变量		是	是	是	是	是
流入城市特征变量		是	是	是	是	是
户籍所在省份固定效应		是	是	是	是	是
流入城市固定效应		是	是	是	是	是
年份固定效应			是	是	是	是

注：*、**、*** 分别表示10%、5%和1%的显著性水平；括号中为流入城市层面的聚类标准误。

为了更直观地理解异地中考门槛对流动人口家庭消费影响的大小，若不考虑政策调整的一般均衡效应，以2016年超大城市和其他城市的异地中考门槛均值分别为0.388和0.177测算，对于一个子女为九年级的流动人口家庭，当他们从超大城市举家迁出，流入其他城市时，家庭的消费水平会因为异地中考限制的放松提高1.52%[9×0.008×(0.388−0.177)×100%]；若完全放开超大城市的异地中考限制，这会使正在这些城市流动的、子女正处于九年级的家庭的消费水平因异地中考限制的放松而提高2.79%(9×0.008×0.388×100%)；若以计算的2016年72个城市的异地中考门槛均值0.189近似为全国所有城市异地中考门槛的均值，在全国范围取消异地中考限制，将会使子女在读九年级的流动人口家庭消费水平因异地中考限制的放松而提高1.36%(9×0.008×0.189×

100%),带来每户月均 49.95 元(1.36%×3 672.93)消费量的提升①,或为整个经济增加 35.24 亿元②。因此,较高的异地中考门槛抑制了流动人口在流入城市的消费,不利于提振城市的消费水平。

7.4.2 稳健性检验

1.更换异地中考门槛指数的计算方法

为避免层次分析法权重计算的主观性可能造成的偏误,表 7-3 使用了几种更客观的方法测试。这些方法包括因子分析法(尹志超等,2014)、等权重法(张吉鹏和卢冲,2019)、投影寻踪法(吴开亚等,2010;张吉鹏和卢冲,2019)和熵值法(李虹和邹庆,2018;张吉鹏和卢冲,2019)。简单来说,这些方法都是通过不同的方式客观地给每个指标分配权重,以减少人为判断的影响。观察表中回归结果可以发现,使用不同方法测算的异地中考门槛回归,异地中考门槛与子女年级的交互项系数仍显著为负,与基准模型结果一致。

表 7-3　　稳健性检验:更换异地中考门槛指数的计算方法

因变量:ln(家庭消费)	(1)因子分析法	(2)等权重法	(3)投影寻踪法	(4)熵值法
子女年级×异地中考门槛	−0.003*** (0.001)	−0.014*** (0.005)	−0.008*** (0.003)	−0.005* (0.003)
子女年级	0.001 (0.001)	0.001 (0.001)	−0.001 (0.001)	−0.002** (0.001)
异地中考门槛	0.035 (0.022)	0.139 (0.101)	0.050 (0.045)	0.045 (0.076)
样本量	100 202	100 202	100 202	100 202
Adjusted R^2	0.472	0.472	0.472	0.471

---

① 根据 CFPS 2016 数据,家庭平均月消费水平为 3 672.93 元。
② 由 2015 年 1‰抽样调查数据,子女处于义务教育阶段的流动人口家庭占全国家庭数量的比重为 2.6%,样本中流动人口家庭子女年级平均值为 4.73,国家统计局数据显示 2016 年中国家庭户数量为 4.3 亿,约提高全国消费总额的 35.24 亿元[(0.189×0.008×4.73)×(3 672.93×12)×(2.6%×4.3)]。

续表

因变量：ln(家庭消费)	(1) 因子分析法	(2) 等权重法	(3) 投影寻踪法	(4) 熵值法
家庭特征变量	是	是	是	是
流入城市特征变量	是	是	是	是
户籍所在省份固定效应	是	是	是	是
流入城市固定效应	是	是	是	是
年份固定效应	是	是	是	是

注：*、**、*** 分别表示 10%、5% 和 1% 的显著性水平；括号中为流入城市层面的聚类标准误。

2. 更换不同的消费衡量指标

基准回归中使用家庭在流入城市的消费作为被解释变量。考虑到部分流动人口存在包吃包住的情况，表7—4中列1将被解释变量替换为包括包吃包住的家庭消费。[①] 为了剔除收入效应，列2和列3还考察了异地中考门槛对家庭消费率和包括包吃包住的家庭消费率的影响。[②] 结果显示，交互项系数依然显著为负，与基准结果一致。这说明，在控制相对收入的情况下，异地中考政策的确减少了流动人口家庭在流入地的消费。列4将因变量替换为家庭在流入城市的人均消费，发现子女年级和异地中考门槛交互项的回归系数依然显著为负，基准结果稳健。

表7—4　　　　　稳健性检验：更换家庭消费的衡量指标

因变量：	(1) ln(包括包吃包住的家庭消费)	(2) 家庭消费率	(3) 包括包吃包住的家庭消费率	(4) ln(家庭人均消费)
子女年级×异地中考门槛	−0.008** (0.004)	−0.004** (0.002)	−0.004** (0.002)	−0.006* (0.003)
子女年级	−0.001 (0.001)	−0.001 (0.000)	−0.001 (0.000)	−0.001 (0.001)

---

① 包括包吃包住的家庭消费＝家庭消费＋就业单位每月包吃总共折算钱数＋就业单位每月包住总共折算钱数。

② 消费率＝总消费/收入。

续表

因变量：	(1) ln(包括包吃包住的家庭消费)	(2) 家庭消费率	(3) 包括包吃包住的家庭消费率	(4) ln(家庭人均消费)
异地中考门槛	0.143 (0.124)	0.063 (0.051)	0.070 (0.054)	0.157 (0.118)
样本量	100 202	100 202	100 202	100 202
Adjusted R^2	0.469	0.234	0.238	0.504
家庭特征变量	是	是	是	是
流入城市特征变量	是	是	是	是
户籍所在省份固定效应	是	是	是	是
流入城市固定效应	是	是	是	是
年份固定效应	是	是	是	是

注：*、**、*** 分别表示 10%、5% 和 1% 的显著性水平；括号中为流入城市层面的聚类标准误。

同样以 2016 年为例进行粗略测算。当超大城市的异地中考门槛 (0.388) 放松到与其他城市 (0.177) 一致时，这会使在超大城市流动的子女为九年级的家庭消费率因异地中考限制放松提高 0.76% [9×0.004×(0.388−0.177)×100%]；若完全放开超大城市的异地中考限制，这会使在超大城市流动的子女为九年级的家庭消费率提高 1.40% (9×0.004×0.388×100%)；若以计算的 72 个城市的异地中考门槛均值 (0.189) 近似为全国所有城市异地中考门槛均值，在全国范围取消异地中考限制，将会使子女处于义务教育阶段的流动人口家庭消费率因为异地中考限制的放松而提高 0.36% (4.73×0.004×0.189×100%)[1]，这一差异可以补偿 2016—2017 年间有义务教育阶段子女的流动人口家庭消费率下降的 33.33% (0.36%/1.08%)[2]。

---

[1] 根据 2015 年 1% 抽样调查数据，流动人口家庭子女年级平均值为 4.73。
[2] 根据 CMDS，2016 到 2017 年全国有义务教育阶段子女的流动人口家庭消费率下降了 1.08%。

3. 排除落户政策的影响

陈斌开等(2010)发现户籍制度会制约居民的消费行为。为排除落户政策的影响,表7—5中列1加入了张吉鹏和卢冲(2019)测算出的落户门槛指数。①。结果显示,在控制了落户门槛的影响后,异地中考门槛和子女年级交互项的回归系数依然显著为负,这是因为许多流动人口家庭还远没有达到落户门槛的要求,这时影响其家庭决策更直接的是限制他们子女升学的异地中考门槛。

4. 排除其他教育政策以及子女年龄效应的影响

为解决随迁子女在流入城市的受教育问题,除异地中考政策,国家层面还出台了包括义务教育入学和异地高考等的一系列政策,这些政策的门槛高度相关,并且均可能影响流动人口家庭在流入地的消费。如果基准回归中异地中考门槛的影响反映的是入学政策的影响,那么该影响对于学龄前儿童同样存在。为排除义务教育入学政策的影响,表7—5中列2定义0～5岁儿童为将面临义务教育入学问题的子女,将样本限制在有0～5岁子女的流动人口家庭进行安慰剂检验;同时,考虑到市内跨县流动人口不受异地中考政策的影响,而义务教育入学基本是分区招生的,市内跨县流动的流动人口子女可能会受到义务教育入学政策的影响,列3将样本限制在有0～5岁子女的市内跨县流动的流动人口家庭。结果显示,列2～3中异地中考门槛和子女年龄的交互项均不显著,说明基准回归的结果反映的并不是义务教育入学政策对家庭消费的影响。

为排除异地高考政策对本文结果的影响,列4将样本限制在有16～19岁子女的流动人口家庭进行安慰剂检验,结果显示异地中考门槛和子女年龄的交互项不显著。实际上,异地中考政策是异地高考的前置政策,对于异地高考的限制大多落在对异地中考的限制上,在大部分城市,满足异地中考

---

① 落户门槛数据来自西南财经大学经济与管理研究院公共经济与行为研究平台和中国家庭金融调查与研究中心联合公布的中国城市落户门槛指数,网址为 https://chfs.swufe.edu.cn/info/1041/2251.htm。这里使用投影寻踪法测算的落户门槛,若使用等权重法和熵值法测算的落户门槛指数,结果一致。

要求后,随迁子女满足三年本地的高中学籍,和其父母在本地工作居住三年后的条件后,基本可以在当地参加异地高考。因此,义务教育阶段儿童的升学限制更多体现在异地中考政策上。同时,考虑到异地高考只会限制跨省流动的人口,省内跨市流动的人口并不受异地高考政策的影响,列5对省内跨市流动的样本进行回归,交互项的系数显著为负,这表明即使没有异地高考的限制,异地中考门槛仍然对家庭消费有抑制作用。

同时,对本章结果的另一个潜在解释是随子女年龄增大,在异地中考门槛越高的城市,家庭未来支出压力增加导致预防性储蓄动机增加更多,进而促使家庭消费减少更多。但如果这种子女年龄效应存在,对子女处于其他年龄段的家庭也会有影响,而表7-5中列2和列4的结果表明,在学龄前和中考后,异地中考门槛和子女年级交互项的回归系数并不显著,说明基准回归的结果并不是子女年龄效应导致的。

表7-5　　稳健性检验:排除其他政策及子女年龄效应的影响

因变量:ln(家庭消费)	(1) 控制落户门槛	(2) 排除义务教育入学政策的影响 有0~5岁子女的流动人口家庭	(3) 排除义务教育入学政策的影响 有0~5岁子女且市内跨县的流动人口家庭	(4) 排除异地高考政策的影响 有16~19岁子女的流动人口家庭	(5) 排除异地高考政策的影响 省内跨市的流动人口家庭
子女年级(年龄)×异地中考门槛	-0.009** (0.004)	-0.006 (0.010)	-0.005 (0.026)	-0.000 (0.017)	-0.010** (0.005)
子女年级(年龄)	-0.001 (0.001)	-0.016*** (0.003)	-0.013** (0.005)	-0.006 (0.004)	0.001 (0.001)
异地中考门槛	0.150 (0.115)	0.138 (0.102)	-0.054 (0.667)	0.252 (0.301)	0.015 (0.102)
样本量	87 045	94 501	12 796	32 479	47 991
Adjusted R^2	0.466	0.455	0.478	0.406	0.487
家庭特征变量	是	是	是	是	是
流入城市特征变量	是	是	是	是	是
户籍所在省份固定效应	是	是	是	是	是
流入城市固定效应	是	是	是	是	是
年份固定效应	是	是	是	是	是

注:*、**、***分别表示10%、5%和1%的显著性水平;括号中为流入城市层面的聚类标准误差。

5. 排除城市层面其他影响因素

考虑到城市人口数量、经济发展状况、产业结构、工资水平、房价和金融市场发达程度等因素均可能与异地中考门槛相关,并且同样可能随子女年级变化对流动人口家庭消费产生不同影响。为剔除这些因素的影响,表7—6 中列1~6 分别加入子女年级与城市层面变量的交互项,发现异地中考门槛与子女年级交互项的估计系数仍显著为负,基准结果稳健。

表7—6　　　　稳健性检验:排除城市层面其他影响因素

因变量:ln(家庭消费)	(1) ln (常住人口)	(2) ln(人均地区生产总值)	(3) 第三产业增加值占比	(4) ln(职工平均工资)	(5) ln(商品房销售价格)	(6) 金融机构各项贷款余额/GDP
子女年级×异地中考门槛	−0.007** (0.003)	−0.008** (0.003)	−0.009** (0.004)	−0.008** (0.004)	−0.007* (0.004)	−0.008** (0.003)
子女年级×城市层面变量	−0.000 (0.001)	−0.001* (0.001)	0.000 (0.000)	−0.001 (0.001)	−0.001 (0.001)	0.000 (0.001)
子女年级	0.001 (0.004)	0.015 (0.009)	−0.002 (0.002)	0.007 (0.015)	0.003 (0.008)	−0.001 (0.001)
异地中考门槛	0.114 (0.103)	0.117 (0.105)	0.122 (0.106)	0.116 (0.104)	0.113 (0.105)	0.119 (0.104)
样本量	100 202	100 202	100 202	100 202	100 202	100 202
Adjusted R^2	0.472	0.472	0.472	0.472	0.472	0.472
家庭特征变量	是	是	是	是	是	是
流入城市特征变量	是	是	是	是	是	是
户籍所在省份固定效应	是	是	是	是	是	是
流入城市固定效应	是	是	是	是	是	是
年份固定效应	是	是	是	是	是	是

注:*、**、*** 分别表示10%、5%和1%的显著性水平;括号中为流入城市层面的聚类标准误。

6. 其他稳健性检验

(1)考虑到家庭抚养比也会影响家庭消费,表7—7 中列1 加入被访者年龄—户籍所在地固定效应来大致控制家庭抚养比①,可以发现此时子女年级和异地中考门槛交互项的回归系数依然显著为正,说明基准结果稳健。

(2)流动人口可能会考虑到城市异地中考门槛的限制,选择推迟生育,在能力较强,准备较充分的时候才生育子女,此时家庭的消费能力会有所不同,可能会对估计结果造成影响。为了排除父母生育年龄对估计结果的影响,表7-7中列2将父亲生育年龄、母亲生育年龄,以及这两者与子女年级的交互项加入模型,这时子女年级和异地中考门槛的交互项依然显著为正,说明基准模型结果稳健。

(3)由于父母在流入地务工长短对于家庭消费决策和消费能力可能有影响,可能会对估计结果造成影响,表7-7中列3~5分别限制流动人口流入所在城市时间超过2年、3年和4年进行回归。可以发现,子女年级和异地中考门槛的交互项依然显著为正,基准模型结果稳健。

表7-7　　　　　　　　其他稳健性检验

ln(家庭消费)	(1) 控制被访者年龄—户籍所在地固定效应	(2) 控制父母生育年龄的影响	(3) 流入时间≥2	(4) 流入时间≥3	(5) 流入时间≥4
子女年级×异地中考门槛	−0.009** (0.003)	−0.008** (0.003)	−0.010** (0.004)	−0.011*** (0.004)	−0.011*** (0.004)
子女年级	−0.001 (0.001)	−0.000 (0.001)	−0.001 (0.001)	−0.001 (0.001)	−0.001 (0.001)
异地中考门槛	0.121 (0.104)	−0.006 (0.114)	0.122 (0.103)	0.157 (0.112)	0.141 (0.092)
样本量	100 202	100 202	87 881	76 530	66 587
Adjusted R^2	0.472	0.472	0.469	0.467	0.466
家庭特征变量	是	是	是	是	是

---

① 不直接控制家庭抚养比这一变量是因为CMDS中很多流动人口只填写了核心家庭成员(配偶、子女)的信息,并没有填写父母甚至祖父母的信息,导致家庭抚养比偏低(使用2014—2017年CMDS计算家庭中超过60岁老人比例的均值仅为0.006)。因此,我们假设同龄的同乡家庭结构比较接近,通过加入被调查者年龄—户籍所在地固定效应大致控制家庭抚养比。

续表

ln(家庭消费)	(1) 控制被访者年龄—户籍所在地固定效应	(2) 控制父母生育年龄的影响	(3) 流入时间≥2	(4) 流入时间≥3	(5) 流入时间≥4
流入城市特征变量	是	是	是	是	是
户籍所在省份固定效应	是	是	是	是	是
流入城市固定效应	是	是	是	是	是
年份固定效应	是	是	是	是	是

注：*、**、***分别表示10%、5%和1%的显著性水平；括号中为流入城市层面的聚类标准误。

7.5 影响机制检验

7.5.1 异地中考门槛对家庭教育期望的影响

本节使用 CFPS 2014—2018 混合截面数据[①]，检验异地中考门槛对家长期望的孩子成绩和受教育年限的影响。表7-8使用父母双方至少一方跨市流动且处于义务教育阶段的子女样本，采用方程(1)的估计式。[②] 列1~2的被解释变量为家长期望孩子的成绩，列3~4的被解释变量为家长期望孩子受教育年限。结果显示，异地中考门槛与子女年级(初中阶段)交互项的系数均显著为负，表明随子女年级上升，越接近中考时，流入城市的异地中考门槛越高，家长对子女的教育期望越低。因此，异地中考门槛会通过降低父母对子女教育期望抑制流动人口家庭在流入城市的消费，假说2a成立。

---

① 使用 CFPS 数据的原因是，CMDS 没有家长对子女教育期望的相关变量。比较 CFPS 2014—2018 和 CMDS 2014—2017 数据的描述性统计，拥有义务教育阶段子女的流动人口样本的年龄、受教育程度、家庭人均收入和消费等在两个数据中均没有较大差异。

② 由于 CFPS 数据的限制，此时控制的家庭特征变量有子女性别、子女个数、父亲年龄、父亲受教育年限、父亲户口性质、配偶是否随迁、母亲年龄、母亲受教育年限、母亲户口性质、家庭月收入和子女是否留守。

需要说明的是,教育不是一种正常的消费商品,而是一种投资,主要产生潜在的终生收入(Lazear,1977)。当家庭教育期望降低,父母预期到子女永久性收入减少,收入不确定性增加,导致家庭预防性储蓄动机提高,消费水平降低。① 这与 Aina & Sonedda(2018)利用意大利大学改革研究得出的,子女受教育年限增加提高了其潜在终身收入,继而使家庭消费水平增加的结论一致。

表 7—8　影响机制检验:异地中考门槛对家庭教育期望的影响

因变量:	(1)	(2)	(3)	(4)
	家长期望孩子成绩		家长期望孩子受教育年限	
子女年级×异地中考门槛	−4.699*** (1.396)		−0.589** (0.259)	
初中阶段×异地中考门槛		−25.010*** (8.473)		−6.288*** (1.429)
子女年级	0.552 (0.371)		0.014 (0.135)	
初中阶段		2.805 (2.829)		0.985 (0.764)
异地中考门槛	−62.585** (22.918)	−83.176*** (27.195)	−34.915*** (9.309)	−38.097*** (7.797)
样本量	110	110	122	122
Adjusted R^2	0.289	0.271	0.064	0.077
家庭特征变量	是	是	是	是
流入城市特征变量	是	是	是	是
户籍所在省份固定效应	是	是	是	是
流入城市固定效应	是	是	是	是
年份固定效应	是	是	是	是

注:*、**、*** 分别表示 10%、5%和 1%的显著性水平;括号中为流入城市层面的聚类标准误。

---

① 家庭教育期望降低对家庭消费的影响也可能有其他作用渠道,当家庭教育期望降低,家庭未来教育支出的减少会减弱家庭为子女教育而储蓄的动机,增加家庭消费(杨汝岱和陈斌开,2009)。对此,我们使用 CFPS 2014—2018 数据,直接检验家长期望孩子成绩和家长期望孩子受教育年限对流动人口家庭消费的影响,发现当家庭教育期望下降时,家庭消费会出现一定程度的下降。

7.5.2 异地中考门槛对子女留守的影响

前文中我们以流动人口子女为样本,报告了异地中考门槛对子女留守影响的回归结果。参照文献的定义,将子女与被调查的家长不在同一城市定义为子女留守(魏东霞和谌新民,2018)。结果显示,异地中考门槛和子女年级(初中阶段)的交互项系数显著为正,表明在异地中考门槛越高的城市,年龄越靠近中考的儿童,留守的概率越高。

这说明异地中考门槛会通过增加子女留守概率,进而降低流动人口在流入城市的消费,假说 2b 成立。一方面,家庭成员的离开导致家庭在流入城市消费减少是必然的;另一方面,流动人口为了感谢亲戚照看子女(Poeze et al.,2017),或由于缺席陪伴子女产生以金钱补偿的心理(Yang & Bansak,2020),都会促使家长尽力汇回比子女在身边所需的更多的钱款,因此最大限度地压缩自己在流入城市的消费。但遗憾的是,我们无法区分成人与儿童的消费,进一步检验成年流动人口因儿童留守引起的自身消费的变化。

一个可能的问题是,子女留守可能是异地中考门槛影响流动人口家庭在流入城市消费下降的唯一机制,那么消费的减少只是家庭成员变动引起的家庭消费在不同区域间的转移。表 7-9 将样本限制为子女随迁的家庭,发现异地中考门槛与子女年级和初中阶段虚拟变量的交互项的系数依然显著为负,这验证了子女留守并不是异地中考门槛导致流动人口家庭消费减少的唯一途径。

表 7-9 异地中考门槛对子女随迁家庭消费的影响

因变量:ln(家庭消费)	(1)	(2)
子女年级×异地中考门槛	−0.009*** (0.003)	
初中阶段×异地中考门槛		−0.042*** (0.015)

续表

因变量:ln(家庭消费)	(1)	(2)
子女年级	0.003*** (0.001)	
初中阶段		0.016*** (0.004)
异地中考门槛	0.078 (0.051)	0.049 (0.047)
样本量	71 759	71 759
Adjusted R^2	0.484	0.484
家庭特征变量	是	是
流入城市特征变量	是	是
户籍所在省份固定效应	是	是
流入城市固定效应	是	是
年份固定效应	是	是

注:*、**、***分别表示10%、5%和1%的显著性水平;括号中为流入城市层面的聚类标准误。

7.5.3 异地中考门槛对家长留居意愿的影响

本节使用CMDS问卷中"是否打算在本地长期居住(5年以上)"衡量流动人口的留居意愿,分别构建2个虚拟变量。当回答为是,取值为1,否则为0;或当回答是或者没想好时取值为1,否则为0。前文已经呈现了异地中考门槛对两种留居意愿定义的回归结果,列1~4中异地中考门槛以及异地中考门槛和子女年级(初中阶段)的交互项的系数均不显著且接近于零,这说明异地中考门槛对于流动人口的留居意愿没有显著影响。随着子女年龄的增加,异地中考政策并不会通过降低家长的留居意愿,进而影响流动人口家庭在本地的消费水平,假说2c并不成立。

随子女年级上升,家长留居意愿受异地中考门槛的影响不会发生显著变化,这表明家长认为城乡收入差距带来的收益大于子女不在身边的心理成本,子女面临的异地中考问题并没有显著改变家长的流动决策。这一结果在以往的文献中也得到了验证,一方面,成年流动人口对于城市公共品不存在刚性需求(魏东霞和谌新民,2018),劳动力迁移主要与流入城市的收入水平和就业机会有关,城市的公共服务水平并不是吸引他们的最主要动因(夏怡然和陆铭,2015)。另一方面,随子女年级上升独立性变强,对父母依赖程度下降(Smetana,2011),并且随着子女年龄增加家庭经济压力增大,父母更容易选择继续留在城市以获得高收入。

需要特别指出的是,因为CMDS仅调查了当前在城市的流动人口,如果随着子女越接近中考,部分重视亲子陪伴和子女教育的流动人口选择举家流出高门槛的城市,流入低异地中考门槛的城市或返回户籍地,这时,留在门槛较高城市的流动人口可能更多是消费较低的群体。一方面,我们发现随子女年级上升,异地中考门槛对家长留居意愿的影响没有发生显著变化;另一方面,我们还采用2015年1‰人口抽样调查数据,检验异地中考门槛对流动人口实际迁出所在城市、个体选择流入城市和居住在户籍地的个体选择是否外出的影响,发现随子女年级上升,父母的迁移决策受异地中考门槛的影响没有发生显著变化,具体结果见第五章第三节。这些检验可以说明基准结果并不是样本选择性偏误导致的。

7.6 异质性分析

7.6.1 家长技能水平的异质性

家长的技能水平既影响子女能否符合流入城市异地中考限制条件的要求,也是决定家庭消费理念的重要因素。表7—10中列1~3按父母平均受教育水平分组,将夫妻双方平均受教育年限分为<9、9~12和≥12三组分别进行回归。结果显示,异地中考门槛只对中等学历的流动人口家庭消费的抑制作用显著。其原因可能是高学历的流动人口家庭较容易满足异地中考限制条件,受异地中考政策影响较小,而低学历的流动人口

家庭消费多为衣食住行等生存型消费,消费弹性低,不会再因子女教育受限显著缩减家庭消费。

表7—10　　　　　异质性分析:家长技能水平和户口性质

因变量:ln(家庭消费)	(1)	(2)	(3)	(4)	(5)
	按父母平均受教育程度			按户口性质	
	<9	9~12	≥12	农村户口	城镇户口
子女年级×异地中考门槛	−0.006 (0.009)	−0.009* (0.005)	−0.003 (0.004)	−0.006* (0.004)	−0.014** (0.006)
子女年级	−0.002 (0.002)	−0.000 (0.001)	−0.005*** (0.002)	−0.002 (0.001)	0.000 (0.002)
异地中考门槛	0.150 (0.153)	0.110 (0.101)	0.031 (0.127)	0.119 (0.109)	0.025 (0.151)
样本量	18 868	62 723	18 611	83 588	16 614
Adjusted R^2	0.427	0.456	0.500	0.461	0.502
家庭特征变量	是	是	是	是	是
流入城市特征变量	是	是	是	是	是
户籍所在省份固定效应	是	是	是	是	是
流入城市固定效应	是	是	是	是	是
年份固定效应	是	是	是	是	是

注:*、**、***分别表示10%、5%和1%的显著性水平;括号中为流入城市层面的聚类标准误。

7.6.2 户口性质的异质性

文化价值观在消费者行为中扮演着重要的角色(Kim et al.,2002),城镇户口与农村户口家庭在消费行为、消费结构和消费支出比例上存在明显的不同(王军和詹韵秋,2021),而传统的农村消费观念和文化持续影响着进城农民工的消费。表7—10中列4~5分农村户口家庭和城镇户口家庭两组进行回归,如果父母双方至少有一方为城镇户口则为城镇户口家庭。可以发现,随着子女年级上升,相比于农村户口家庭,异地中考门槛对于城镇户口家庭消费的负向影响更大。这种现象可能的原因一是城镇户口的流动人口家庭往往更重视子女的教育问题(魏东霞和谌新民,2018),对于子女受到升学限制导致的教育期望下降更加敏感,因此家庭消费下降程度更大;二是城镇户口的流动人口家庭的文化、娱乐等非必需消费较高,消费弹性高于农村户口的流动人口家庭(程杰和尹熙,2019),在子女教育受阻的情况下,更可能由于子女未来收入不确定性的顾虑而减少消费。

7.6.3 子女性别的异质性

由于"重男轻女"观念的存在,子女性别不同的家庭遇到异地中考门槛限制时的反应可能存在差异,表7-11中列1~2展示了分子女性别的回归结果,男孩和女孩家庭分别指处于义务阶段年龄最大的子女是男孩和女孩的流动人口家庭。可以发现,对于男孩家庭,随子女年级上升,异地中考门槛提高会显著降低家庭消费,但对女孩家庭没有显著影响。这可能的原因是,在传统农业文明长期以父系社会为主导的背景下,儿子相比于女儿在父母养老中扮演着更重要的角色(陆方文等,2017);同时婚姻中的住房大多由男方提供,在中国性别比失衡的环境下,住房是提高婚姻市场上相对地位的主要方式(Wei & Zhang,2011)。由于养儿防老和助儿买房两个原因的存在,生养男孩的父母在子女教育受阻、预期未来收入下降时,可能会承担更大的经济负担,预防性储蓄动机增加使得家庭更多地减少消费。

7.6.4 流入城市类型的异质性

由于不同类型城市间异地中考门槛差距较大,流动人口家庭消费受异地中考门槛的影响可能也有所差异。表7-11中列3~4按城市人口规模分组,将城市分为超大、特大城市组与其他城市组。可以发现,异地中考门槛对在超大、特大以及其他城市生活的流动人口家庭在本地的消费均有抑制作用,并且异地中考门槛对流入超大、特大城市的家庭在本地消费的抑制作用更强。

表 7-11　　　　　异质性分析:子女性别和流入城市类型

因变量:ln(家庭消费)	(1) 男孩家庭	(2) 女孩家庭	(3) 超大、特大城市	(4) 其他城市
	按子女性别		按流入城市人口规模	
子女年级×异地中考门槛	−0.009*** (0.003)	−0.006 (0.006)	−0.016** (0.005)	−0.009* (0.005)
子女年级	−0.001 (0.001)	−0.002* (0.001)	0.002 (0.002)	−0.001 (0.001)
异地中考门槛	0.149 (0.135)	0.086 (0.093)	0.420 (0.432)	0.146 (0.120)
样本量	54 784	45 418	26 672	73 530
Adjusted R^2	0.471	0.471	0.493	0.462
家庭特征变量	是	是	是	是
流入城市特征变量	是	是	是	是
户籍所在省份固定效应	是	是	是	是
流入城市固定效应	是	是	是	是
年份固定效应	是	是	是	是

注:*、**、*** 分别表示 10%、5% 和 1% 的显著性水平;括号中为流入城市层面的聚类标准误。

7.7　结论与政策启示

本章聚焦于城区人口 100 万以上城市的随迁子女升学制度,探究大城市的异地中考政策对流动人口家庭在流入城市消费的影响。实证结果表明,大城市的异地中考门槛对流动人口家庭在流入城市的消费具有显著的抑制作用,异地中考门槛越高的城市,流动人口家庭消费随着子女年级上升而减少得越多,尤其是对于中等学历、城镇户口和男孩家庭这一影响更大。异地中考门槛对流动人口家庭消费的抑制作用主要有两个影响机制:第一,异地中考门槛降低了家长对子女的教育期望,家长预期到子女永久性收入减少,预防性储蓄动机增加,从而减少当前在流入城市的消费;第二,异地中考门槛增加了流动人口子女的留守概率,本地家庭成员人数的减少和缺席陪伴子女产生的以金钱补偿的心理,都会使得家长尽力汇回更多的钱款,减少在流入城市的消费。此外,我们发现异地中考门槛并未通过显著降低流动人口的留居意愿影响家庭在流入城市的消费。

研究结果表明,政策制定者理应更全面地审视以异地中考政策为代表的随迁子女教育政策的可能影响。流动人口在子女教育方面有着巨大的需求,制度性限制直接压制了流动人口家庭在流入城市的潜在消费,劳动力要素资源空间优化配置的结构性红利未得到合理释放,城市实则损失了流动人口带来的经济效益。因此,首先,国家应继续推进随迁子女升学政策的改革,明确保障流动儿童的受教育权利,为刺激流动人口消费打造新的增长点。具体可从以下几个方面入手:第一,国家应充分发挥中央预算内投资在外溢性强、高社会效益领域的撬动作用,着重在教育领域扩大投资,将流动人口随迁子女纳入教育规划,健全以城市常住人口数为基础的教育财政转移支付制度,为城市解决流动人口子女教育提供足够的财政支持;第二,地方政府应在尽量扩大高中学位供给的基础上,因地制宜地设定城市的异地中考准入门槛。面临巨大人口流入压力的超大和特大城市可逐步降低限制条件,其他城市则应尽快取消随迁子女升学限制;第三,异地高考与异地中考有很强的协同性,在调整异地中考政策的同时,也应加快异地高考制度的改革,切实放宽异地高考的条件要求,构建健全的随迁子女教育保障体制。从长远来看,应从根本上消除高考招生制度的地域性限制,实现招生的全国统筹。

其次,本章发现异地中考门槛挫伤了流动人口对子女的教育期望,进而抑制了家庭的消费。国家应进一步优化教育结构,科学配置教育资源,统筹推进职业和技能教育的高质量发展,提升技术型人才的社会认可与收入水平。与此同时,还应为未能进入高中的流动人口子女提供多元化的教育途径,例如报考国家开放大学或参加职业技术培训,帮助他们通过成人教育提升技能;增加获得更高收入的可能性。

最后,对于异地中考门槛导致儿童留守,进而使家庭消费减少这一现象。国家在加快推进随迁子女升学政策改革减少儿童留守概率的同时,应尽快延长义务教育年限至高中,尽量推迟儿童留守的年龄。此外,要整合社会公益组织、慈善组织等多方社会资源,建立健全留守儿童关爱体制和工作机制,建立与完善留守儿童帮扶的经费保障制度,为家庭困难的留守儿童提供生活费补助和寄宿学校的费用减免,减轻子女留守家庭的经济负担,降低留守子女父母"积谷防饥"的压力,释放流动人口家庭的消费潜力。

第 8 章　随迁子女异地中考改革的建议

8.1　异地中考改革的重要意义

8.1.1　异地中考改革有利于促进教育公平

随着我国经济进入高质量发展阶段,构建高质量教育体系在新时代经济发展中发挥着关键作用。教育公平始终是当前教育公共政策制定的核心价值之一。在 2023 年和 2024 年召开的全国教育大会上,习近平总书记多次强调"教育公平"。公平而有质量的教育不仅是推动共同富裕的有效手段,也是"让每个孩子都有人生出彩机会"的根本保障,更是提升国家人力资本水平和壮大中等收入群体的重要支撑。通过构建更加公平、优质的教育体系,我国能够更好地协同推进社会进步与经济高质量发展。

从教育公平的角度来看,流动人口子女教育仍面临诸多现实困局,例如教育起点公平度低、扶贫招生覆盖面小、异地中高考政策门槛高且具有流入地本位倾向等(卢伟和褚宏启,2017),而初中升入高中教育阶段的机会不平等是教育分层的关键所在(李春玲,2014)。

然而,目前我国各城市,特别是流动人口大量聚集的大城市,异地中考门槛设定的制定与流动人口的实际需求仍存在较大差距,异地中考准入条件设定过高,随迁子女在流入地升学仍然困难重重。根据《中国农村教育发展报告 2017》,2017 年随迁子女的普通高中升学率仅为 34.23%,远远低于全国平均普通高中升学率 57.25%。2018 年《中国教育统计年鉴》数据显示,全国随迁子女127万的初中毕业生中,仅36％在流入地就读普通高中。因此,以户籍制度为基础的公共教育政策会造成流动人口与其他群体之间教育机会、教育质量、教育成就等显性与隐性的差距。

异地中考改革,即允许流动人口随迁子女在非户籍所在地接受义务教育后在当地参加升学考试,作为近年来教育领域的一个重要变革,从根本上扩大了学生可能的教育选择范围,为实现教育资源的均衡分配和教育公平提供了有力支撑。进一步地放松城市的随迁子女异地中考难度,可以更好地构建一个优质均衡的公共教育服务体系,为实现高质量教育体系和社会的共同富裕提供坚实的基础。研究异地中考改革的相关举措和影响,为更好地实现教育公平提供了经验证据,为促进人的全面共同发展,壮大高质量中等收入群体,尽快实现全体人民共同富裕提供了强劲动力。

8.1.2　异地中考改革有利于推动城镇化进程

在"推进以人为核心的新型城镇化"的背景下,异地中考改革不仅是实现教育公平的重要措施,也是促进城镇化进程的关键环节。党的十九届五中全会提出"推进以人为核心的新型城镇化",有序推进农业转移人口的市民化和享有城镇基本公共服务的权利,并特别提出要"保障随迁子女平等享有受教育权利"。《国家新型城镇化规划(2014—2020年)》中关于"推进农业转移人口享有城镇基本公共服务"的部分,也把"保障随迁子女平等享有受教育权利"放在第一条的位置。

随着城镇化的推进,大量农业转移人口涌入城市,他们的随迁子女教育问题成为社会关注的焦点。城镇化不仅仅是地理空间上转变的"土地城镇化",更重要的是人口结构和社会结构变迁的"人的城镇化",城镇化的真正标志是进城农民有充分的就业和完全的城镇居民权益。在此过程中,确保流动人口及其子女能够获得平等的教育机会,对于实现人的城镇化具有重要意义。异地中考改革通过为随迁子女提供在居住地参加中学入学考试的机会,有效解决了他们面临的教育不连续性问题,从而降低了家庭迁移对子女教育的负面影响,为流动人口家庭在城市的稳定居住和融入提供了坚实的基础。未来,持续深化异地中考改革,优化相关政策设计,将对推动新型城镇化战略的实施产生深远影响。

8.1.3 异地中考改革有利于提高资源配置效率

自我国改革开放以来,大量的农村剩余劳动力向城市转移,成就了我国经济的持续高速发展,大规模的人口流动被视为是"延续中国奇迹"的关键。2020年第七次人口普查数据显示我国跨市流动人口总量达3.76亿,占总人口比例的26.7%,大量城市流动人口比例稳定超过10%,东莞、深圳等城市甚至达到70%以上。庞大的流动人口群体对我国现有的户籍制度及其相适应的劳动就业制度、社会保障制度、教育制度等提出了巨大挑战,流动人口在流动地城市医疗、子女教育、就业机会和社会保障等方面的权利,受到了不同程度的限制,不利于充分发挥劳动力要素在空间上的有效配置。因此,一方面,异地中考改革通过减少教育资源获取的地域限制,间接促进了劳动力的自由流动和更合理的空间分布,为市场经济的高效运作提供了有力支撑。另一方面,异地中考改革能拉动内需,促进经济增长。当前,超过2亿的农业转移人口在城市中就业,但由于他们大多数不具备城市户籍,面临身份认同的困境。这种不稳定的身份感导致他们的就业预期不稳定,消费行为未能完全城市化,从而制约了消费的增长,并对社会生产的扩大、经济的转型升级以及再平衡带来了负面影响。异地中考改革通过为这一人群提供更为公平的教育机会,能够在根本上改善他们的生活质量和未来预期,释放巨大的消费潜力。具体而言,当农民工能够在城镇落户,且他们在子女教育等方面的顾虑得到解除时,他们的消费意愿将显著增强。这种消费意愿的提升,将直接促进消费总支出的增加。尤其是在文化娱乐、教育、交通通信、住房等方面,预计会出现较为显著的消费需求增长。这种增长不仅有助于拉动内需,促进经济增长,还能促进社会的整体福祉和经济结构的优化。

因此,异地中考改革不仅是一项重要的教育政策,还在促进社会主市场经济的协调、健康、有序发展中发挥了关键作用。一方面,该改革通过降低子女教育资源获取的壁垒,促进了劳动力的自由流动和合理分布,从而提高了劳动力的资源配置效率,助力市场经济的高效运行。另一方面,改革为农业转移人口提供了更公平的教育机会,缓解了他们的教育顾虑,进而释放了消费潜力,特别是在文化娱乐、教育等领域的消费需求增长,进一步推动了内需增长和经济发展。总体来看,异地中考改革是一项在教育公平与经济发展之间实现双赢的关键举措。

8.1.4 异地中考改革有利于未来我国长期经济发展与社会进步

从长远利益看,儿童教育状况的好坏关系到未来我国劳动力素质水平。在此背景下,异地中考改革显得尤为重要,因为它为儿童跟随父母在不同城市流动提供了便利,有效减少了留守儿童的数量。留守儿童由于缺乏父母的直接监护和教育指导,往往面临更多的学习和心理发展挑战。大量研究证实儿童留守会使父母与子女之间情感纽带松弛,对儿童的人力资本的积累、身心健康和安全等方面都产生了负面影响,甚至引发犯罪、赌博等不良行为(胡枫和李善同,2009;谭深,2011;Zhang et al.,2014;Zhao et al.,2014;孙文凯和王乙杰,2016)。异地中考改革通过允许儿童在非户籍所在地接受教育,确保他们能够得到家庭的全面支持和更好的教育资源,从而为他们的全面发展创造了有利条件。这将直接提升未来劳动力的整体素质,为我国的长期经济发展奠定坚实的人力资源基础。

此外,异地中考改革在应对人口老龄化和促进经济可持续发展方面具有重要意义。随着人口结构的变化,我国正面临劳动力市场供需矛盾加剧和经济增长动力不足的双重挑战。通过提高教育质量和公平性,该改革有助于培养更多高素质人才,不仅能够缓解人口老龄化带来的劳动力市场压力,还可以通过创新和技术进步推动经济转型升级,实现经济的高质量发展。长远来看,这将为我国经济的持续健康发展和社会的全面进步提供坚实的支撑。

因此,异地中考改革不仅关乎学生的个人发展,是实现高质量发展、维护社会公正与和谐、应对人口老龄化和经济可持续发展的关键。

8.2 异地中考改革的主要问题

2012年8月,国务院办公厅转发教育部、国家发展和改革委员会、公安部、人力资源和社会保障部等部门联合发布的《关于做好进城务工人员随迁子女接受义务教育后在当地参加升学考试工作的意见》的通知,对随迁子女参加义务教育后的高中阶段教育做出更加明确的规定。之后,全国大部分地区均在2012年年底出台相关的异地中考政策,以解决流动人口随迁子女就地升学问题。

但根据对于异地中考政策的梳理,我们可以发现自2012年《意见》出台后,各类城市异地中考难度在2013—2018年间并没有显著下降的趋势。异地中考政策大多根据进城务工人员是否在当地拥有居住证、稳定住所、合法稳定职业,是否按时缴纳社会保险,以及随迁子女在本地连续就读的学籍年限等情况设置报考条件。然而,政策设计与人民群众的实际需求仍存在较大的差距,仍有大部分流动人口难以满足上述条件。有些城市的改革方案反而增加了他们报考的难度,例如北京市异地中考政策出台前,随迁子女可以无条件报考学校,政策出台后报考难度反而增加了;有些地区政策规定随迁子女拥有三年学籍即可在流入地参加中考,但在办理学籍的过程中,一些学校并不愿意为随迁子女办理学籍证明;一些城市,如北京、天津等,严格限制随迁子女报考学校类型,公办普通高中的报考并未开放。由图8-1显示,至2018年,我国普通高中升学率为57.96%,而随迁子女初中毕业后在父母流入地继续上高中的比例仅为37.95%,远低于全国平均高中升学率水平。需要注意的是,图8-1的初中毕业生数据仅包括在流入地城市就读初三的随迁子女,如果将那些因异地中考政策而在初三前离开城市的儿童计算在内,那么随迁子女在城市高中入学率会更低。

因此，对于中央文件明确的异地中考改革目标，各城市并未真正为了实现这一目标而主动让渡教育资源或降低随迁子女在本地升学的门槛。相反，各城市更多地在规范随迁子女参加异地中考的途径与限制条件，异地中考门槛很大程度上变成了各城市用来保护本地儿童升学权利和保证城市教育资源有序配置的"计划性"工具。

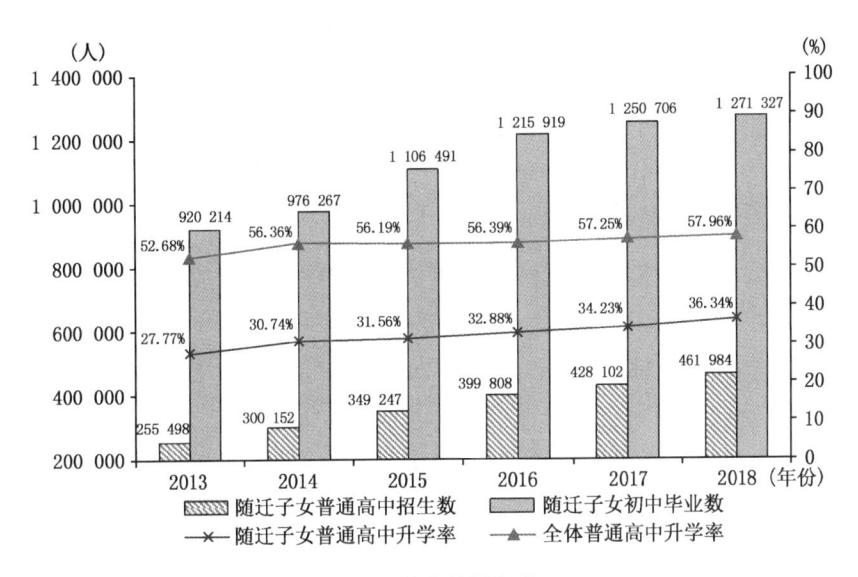

图 8—1　随迁子女高中升学率

数据来源：2013—2018 年《中国教育统计年鉴》。

8.3　异地中考改革的难点分析

随着劳动力市场对学历和技能要求的大幅提高，流动人口对子女教育的重视程度逐渐上升，随迁子女异地参加中考与高考的问题日益突出。学界对城市中流动人口子女就地升学的问题关注度也逐渐提升，异地中考改革成为政界、学界、媒体界等社会各界的共识。但是即使《意见》的颁布严格要求各地市深入推进随迁子女参加异地中考的步伐，具体的成效却仍然有限。下文具体分析异地中考改革的难点。

8.3.1　地方政府利益格局使改革困难重重

在异地中考改革中,地方政府的利益格局成为制约因素之一。异地中考改革的权力下放到了地方政府,使得地方政府承担了更多的责任,但是并没有引发足够的改革动力。

首先,地方政府在资源分配上存在偏向本地居民的倾向。由于地方政府更倾向于维护本地居民的利益,相较于流入的外来务工人员,他们更愿意将有限的城市资源优先分配给本地居民。这种本地优先的政策倾向,使得地方政府在异地中考改革中并不急于采取行动,因为改革可能会影响到本地居民的利益。

其次,地方政府的教育经费主要依赖于中央财政的转移支付。这意味着地方政府在教育经费的使用上受到了一定程度的制约,只有确保地方财政教育投入持续稳定增长,才能够充分调动地方政府的积极性。然而,由于各种利益考量和财政压力,地方政府可能更倾向于将教育经费用于本地教育资源的建设和改善,而对于异地中考改革可能投入的资源并不愿意过多涉足。

因此,地方政府的利益格局使得异地中考改革面临着重重困难。为了克服这些困难,需要中央政府制定更加明确和有力的政策,同时加强向地方政府的教育经费转移,以确保异地中考改革能够顺利推进,为流动人口子女提供公平的教育机会。

8.3.2　单一的改革举措难以取得成效

异地中考政策的改革与我国教育资源配置体制、户籍制度、高考制度等密切相关,单方面的异地中考改革会削弱社会效益的最大化,在调整异地中考政策的同时,也应设置协同配套的政策体系,才能切实解决随迁子女异地接受高中教育问题。

例如,单方面增加学位可能是解决问题的重要办法,但增加学位供给并不能彻底解决随迁子女的升学问题。如果只是增加学位,而不降低异地中考政策的难度,那么这些增加的学位只是让本地儿童有更多的升学机会,政策门槛仍然会影响流动人口子女的升学。如果增加学位背后的原因是流入地城市愿意降低异地中考难度,让更多的流动人口子女在本地接受高中教育,那么当一个城市的学位供给十分充裕,城市在统筹考虑进城务工人员随迁子女升学考试需求和教育资源承载能力等现实可能后,会逐步降低城市的异地中考门槛。

再如,只要一个省份的高考大学招生额度没有变化,放松异地中考政策,就会对本地儿童的高考形成竞争关系。而异地中考门槛很大程度上就是各城市用来保护本地儿童升学权利和保证城市教育资源有序配置的"计划性"工具,因此在目前的高考分省招生的制度下,若不同时改革现存的高考政策,异地中考政策很难放开。

因此,要想真正解决随迁子女的教育问题,仅仅改革异地中考政策是远远不够的。需要从更广泛的角度出发,建立一个协同配套的政策体系。这一体系不仅包括对异地中考政策的调整,还应涵盖教育资源的合理配置、户籍制度的改革、高考制度的优化等多个方面。只有这样,才能从根本上保障每个孩子都能享有平等的教育机会,实现教育资源的公平分配。

8.4 异地中考改革的建议

异地中考政策的改革与我国教育资源配置体制、户籍制度、高考制度等密切相关,现阶段,一步到位开放异地中考并不现实。要解决流动人口子女的升学问题,应寻求制度的突破,在不断发展的基础上做好教育的公平正义。具体政策建议如下:

第一,我们通过不同类型城市异地中考政策的梳理发现,异地中考门槛与城市的人口规模和经济发展情况密切相关,它往往被各城市作为一种"计划性"工具,用于保护本地儿童的升学权益和确保城市教育资源的有序配置。在当前教育资源供给不足的情况下,完全放开异地中考显得不切实际。因此,应该健全基于学籍数或城市常住人口数的升学考试制度与录取制度。各城市应该厘清流动人口子女的规模和相应学位需求等信息，将随迁子女纳入教育规划，立足于自身条件，因地制宜设定适合本城市的异地中考门槛。对于面临大量人口流入压力的发达城市，可以暂时设立一定的准入门槛，在逐步扩大高中学位供给的基础上，逐步降低相关限制条件；其他城市则应尽快破除随迁子女升学障碍，加快异地中考改革，实现公共服务均等化，让流动人口子女享有平等接受教育的权利。

第二，调整以城市户籍人口为限定条件的教育财政转移支付制度，建立基于常住人口的动态调整机制，推动教育公共服务的均等化。中央政府应为流入地城市解决流动人口子女的教育提供适当的财政支持，并根据城市综合承载能力与教育公共服务供给能力，制定差异化的管理政策。统筹安排中央财政的转移支付，加大对流入地城市的财政支付力度，确保流入地政府在高中教育中的经费需求得到满足，增加公办学校学位，从而提高随迁子女就地升学的比例。

第三，异地中考作为异地高考的前置政策，两者存在高度的协同效应。因此，在调整异地中考政策的同时，也应加快异地高考制度的改革，最大限度地发挥政策组合的整体效果效应。协调教育资源在地区间的配置，加快高考招生制度的改革，消除各省之间高考招录的差异，推进全国教材统一及省际考试成绩的互相认证，保证不同地区高考录取的公平性。此外，还应延长义务教育年限至高中，在未能全面推进异地中高考改革时，以此推迟儿童留守的年龄。

参考文献

[1]蔡昉,都阳,王美艳.户籍制度与劳动力市场保护[J].经济研究,2001(12):41—49,91.

[2]蔡昉.中国劳动力市场发育与就业变化[J].经济研究,2007(7):4—14,22.

[3]晁钢令,万广圣.农民工家庭生命周期变异及对其家庭消费结构的影响[J].管理世界,2016(11):96—109.

[4]陈斌开,陆铭,钟宁桦.户籍制约下的居民消费[J].经济研究,2010(S1):62—71.

[5]陈刚.劳动力迁移、亲子分离与青少年犯罪[J].青年研究,2016(2):1—10,94.

[6]陈宣霖.随迁子女初中毕业后的流向——异地中考政策影响高中教育选择的实证研究[J].青年研究,2018a(3):12—22,94.

[7]陈宣霖.异地中考政策促进随迁子女选择高中教育吗[J].复旦教育论坛,2021(1):75—81.

[8]陈宣霖.异地中考政策如何影响随迁子女的高中教育选择[J].湖南师范大学教育科学学报,2018b(3):78—85.

[9]陈媛媛,董彩婷,朱彬妍.流动儿童和本地儿童之间的同伴效应:孰轻孰重?[J].经济学(季刊),2021(2):511—532.

[10]陈媛媛,傅伟.土地承包经营权流转、劳动力流动与农业生产[J].管理世界,2017(11):79—93.

[11]陈媛媛,宋扬,邹月晴.随迁子女教育政策、入学机会与人力资本积累——来自异地中考政策的证据[J].劳动经济研究,2023(3):3—29.

[12]陈媛媛,张竞,周亚虹.工业机器人与劳动力的空间配置[J].经济研究,2022(1):172—188.

[13]陈媛媛,邹月晴,宋扬. 异地中考门槛与流动人口子女的留守[J]. 经济学(季刊),2024(1):119-135.

[14]陈在余. 中国农村留守儿童营养与健康状况分析[J]. 中国人口科学,2009(5):95-102,112.

[15]程杰,尹熙. 内需的源泉:新时期流动人口的消费潜力有多大? [A]//张车伟,高文书,程杰. 人口与劳动绿皮书:中国人口与劳动问题报告 No.20[M]. 北京:社会科学文献出版社,2019.

[16]褚宏启. 城镇化进程中的户籍制度改革与教育机会均等——如何深化异地中考和异地高考改革[J]. 清华大学教育研究,2015(6):9-16,52.

[17]翟振武,段成荣,毕秋灵. 北京市流动人口的最新状况与分析[J]. 人口研究,2007(2):30-40.

[18]丁继红,徐宁吟. 父母外出务工对留守儿童健康与教育的影响[J]. 人口研究,2018(1):76-89.

[19]都阳,蔡昉,屈小博等. 延续中国奇迹:从户籍制度改革中收获红利[J]. 经济研究,2014(8):4-13,78.

[20]杜永红,陈碧梅. 农民工随迁子女初中后教育政策支持研究[J]. 中国教育学刊,2012(5):21-24.

[21]段成荣,吕利丹,王宗萍. 城市化背景下农村留守儿童的家庭教育与学校教育[J]. 北京大学教育评论,2014(3):13-29,188-189.

[22]方超,黄斌. 非认知能力、家庭教育期望与子代学业成绩——基于 CEPS 追踪数据的经验分析[J]. 全球教育展望,2019(1):55-70.

[23]方意. 系统性风险的传染渠道与度量研究——兼论宏观审慎政策实施[J]. 管理世界,2016(8):32-57,187.

[24]冯帅章,陈媛媛. 学校类型与流动儿童的教育——来自上海的经验证据[J]. 经济学(季刊),2012(4):1455-1476.

[25]高波,陈健,邹琳华. 区域房价差异、劳动力流动与产业升级[J]. 经济研究,2012(1):66-79.

[26]龚欣,李贞义. 学前教育经历对初中生非认知能力的影响:基于 CEPS 的实证研究[J]. 教育与经济,2018(4):37-45.

[27]辜胜阻,易善策,李华. 城镇化进程中农村留守儿童问题及对策[J]. 教育研

究,2011(9):29-33.

[28]郭峰,王靖一,王芳,等. 测度中国数字普惠金融发展:指数编制与空间特征[J]. 经济学(季刊),2020(4):1401-1418.

[29]郭凯明,颜色. 延迟退休年龄、代际收入转移与劳动力供给增长[J]. 经济研究,2016(6):128-142.

[30]郭申阳,孙晓冬,彭瑾,等. 留守儿童的社会心理健康——来自陕西省泾阳县一个随机大样本调查的发现[J]. 人口研究,2019(6):33-48.

[31]郭玉鹤,李绍平,杨婉妮等. 班级女孩占比对学生心理健康的影响——基于中国教育追踪调查(CEPS)数据[J]. 北京大学教育评论,2021(2):19-40,188.

[32]韩嘉玲. 城市边缘的另类学校——打工子弟学校生存与发展机制[A]//孙宵兵. 中国民办教育组织与制度研究[M]. 北京:中国青年出版社,2003.

[33]韩嘉玲. 相同的政策 不同的实践——北京、上海和广州流动儿童义务教育政策的比较研究(1996—2013)[J]. 北京工业大学学报(社会科学版),2017(1):17-30.

[34]韩昱洁. 流动儿童异地中考问题评估报告[A]//肖子华. 中国城市流动人口社会融合评估报告(No.2)[M]. 北京:社会科学文献出版社,2021.

[35]胡枫,李善同. 父母外出务工对农村留守儿童教育的影响——基于5城市农民工调查的实证分析[J]. 管理世界,2009(2):67-74.

[36]胡霞,丁浩. 子女随迁政策对农民工家庭消费的影响机制研究[J]. 经济学动态,2016(10):25-38.

[37]黄斌,徐彩群,姜晓燕. 中国农村初中学生接受中职教育的意愿及其影响因素[J]. 中国农村经济,2012(4):47-56.

[38]贾婧,柯睿,鲁万波. 异地中考、人口流动与子女教育[J]. 南开经济研究,2021(5):198-218.

[39]孔祥利,粟娟. 我国农民工消费影响因素分析——基于全国28省区1860个样本调查数据[J]. 陕西师范大学学报(哲学社会科学版),2013(1):24-33.

[40]李超,万海远,田志磊. 为教育而流动——随迁子女教育政策改革对农民工流动的影响[J]. 财贸经济,2018(1):132-146.

[41]李春玲. 高等教育扩张与教育机会不平等——高校扩招的平等化效应考查[J]. 社会学研究,2010(3):82-113,244.

[42]李春玲.教育不平等的年代变化趋势(1940—2010)——对城乡教育机会不平等的再考察[J].社会学研究,2014(2):65-89,243.

[43]李春玲.社会政治变迁与教育机会不平等——家庭背景及制度因素对教育获得的影响(1940—2001)[J].中国社会科学,2003(3):86-98,207.

[44]李红娟,宁颖丹.异地中考政策的区域差异及思考——基于60个城市的政策文本分析[J].教育测量与评价,2020(1):29-34.

[45]李虹,邹庆.环境规制、资源禀赋与城市产业转型研究——基于资源型城市与非资源型城市的对比分析[J].经济研究,2018(11):182-198.

[46]李娟,杨晶晶,赖明勇.教师激励、基础教育发展与人力资本积累——基于中小学教师职称制度改革的实证研究[J].经济学(季刊),2023(3):1185-1201.

[47]李强,臧文斌.父母外出对留守儿童健康的影响[J].经济学(季刊),2011(1):341-360.

[48]李实.中国经济转轨中劳动力流动模型[J].经济研究,1997(1):23-30,80.

[49]李尧.为子女教育而参保——随迁子女入学门槛对流动人口社保参保行为的影响[J].财经研究,2022(11):109-123.

[50]李政涛,周颖.建设高质量教育体系与中国教育学的知识供给[J].教育研究,2022(2):83-98.

[51]梁超,王素素.教育公共品配置调整对人力资本的影响——基于撤点并校的研究[J].经济研究,2020(9):138-154.

[52]梁宏,任焰.流动,还是留守?——农民工子女流动与否的决定因素分析[J].人口研究,2010(2):57-65.

[53]刘成奎,齐兴辉.公共转移支付能授人以渔吗?——基于子代人力资本的研究[J].财政研究,2019(11):77-90.

[54]刘德弟,薛增鑫.农村居民最低生活保障制度的教育溢出效应——基于贫困儿童人力资本的实证分析[J].西北人口,2021(4):44-56.

[55]刘金伟.我国城市户籍开放程度及其影响因素分析——基于全国63个样本城市的评估[J].国家行政学院学报,2016(5):91-95,143-144.

[56]刘精明.高等教育扩展与入学机会差异:1978—2003[J].社会,2006(3):158-179,209.

[57]刘靖. 非农就业、母亲照料与儿童健康——来自中国乡村的证据[J]. 经济研究,2008(9):136-149.

[58]刘宁宁,杨菁菁,吴克明. 异地高考政策对随迁子女高等教育机会的影响——比较乡—城、城—城两类流动人口的差异[J]. 复旦教育论坛,2023(5):112-119.

[59]刘谦. 迟疑的"大学梦"——对北京随迁子女教育愿望的人类学分析[J]. 教育研究,2015(1):41-51.

[60]刘生龙,周绍杰,胡鞍钢. 义务教育法与中国城镇教育回报率:基于断点回归设计[J]. 经济研究,2016(2):154-167.

[61]刘艳红,李川. 江苏省预防未成年人犯罪地方立法的实证分析——以A市未成年人犯罪成因和预防现状为调研对象[J]. 法学论坛,2015(2):145-152.

[62]卢海阳. 社会保险对进城农民工家庭消费的影响[J]. 人口与经济,2014(4):33-42.

[63]卢伟,褚宏启. 教育扶贫视角下农民工随迁子女教育改革——如何实现入学机会均等与教育起点公平[J]. 中国教育学刊,2017(7):57-62.

[64]陆方文,刘国恩,李辉文. 子女性别与父母幸福感[J]. 经济研究,2017(10):173-188.

[65]陆铭. 玻璃幕墙下的劳动力流动——制度约束、社会互动与滞后的城市化[J]. 南方经济,2011(6):23-37.

[66]陆伟,宋映泉,梁净. 农村寄宿制学校中的校园霸凌研究[J]. 北京师范大学学报(社会科学版),2017(5):5-17.

[67]吕慈仙. 异地高考政策对随迁子女歧视知觉与教育期望的影响——一个被中介的调节作用模型[J]. 教育发展研究,2018(22):37-46.

[68]吕利丹,王宗萍,段成荣. 流动人口家庭化过程中子女随迁的阻碍因素分析——以重庆市为例[J]. 人口与经济,2013(5):33-40.

[69]马述忠,胡增玺. 数字金融是否影响劳动力流动?——基于中国流动人口的微观视角[J]. 经济学(季刊),2022(1):303-322.

[70]聂伟. 就业质量、生活控制与农民工的获得感[J]. 中国人口科学,2019(2):27-39,126.

[71]钱文荣,李宝值. 不确定性视角下农民工消费影响因素分析——基于全国

2679个农民工的调查数据[J]. 中国农村经济,2013(11):57—71.

[72]乔明睿,钱雪亚、姚先国. 劳动力市场分割、户口与城乡就业差异[J]. 中国人口科学,2009(1):32—41,111.

[73]宋锦,李实. 农民工子女随迁决策的影响因素分析[J]. 中国农村经济,2014(10):48—61.

[74]宋月萍,宋正亮. 医疗保险对流动人口消费的促进作用及其机制[J]. 人口与经济,2018(3):115—126.

[75]宋月萍,谢卓树. 城市公共资源对农村儿童随迁的影响[J]. 人口研究,2017(5):52—62.

[76]宋月萍,张耀光. 农村留守儿童的健康以及卫生服务利用状况的影响因素分析[J]. 人口研究,2009(6):57—66.

[77]宋月萍. 流动人口家庭成员年龄构成、公共服务与消费研究[J]. 人口与发展,2019(2):86—96.

[78]苏会,曹冉,王琳. 随迁对农村青少年人力资本积累影响的再审视——基于随迁年龄视角[J]. 农业技术经济,2024(3):1—15.

[79]孙伟增,张思思. 房租上涨如何影响流动人口的消费与社会融入——基于全国流动人口动态监测调查数据的实证分析[J]. 经济学(季刊),2022(1):153—174.

[80]孙伟增,张晓楠,郑思齐. 空气污染与劳动力的空间流动——基于流动人口就业选址行为的研究[J]. 经济研究,2019(11):102—117.

[81]孙炜红,陈杲然,王延涛. 留守经历、不良同伴交往与未成年人暴力犯罪[J]. 青年研究,2023(3):50—59,95.

[82]孙文凯,白重恩,谢沛初. 户籍制度改革对中国农村劳动力流动的影响[J]. 经济研究,2011(1):28—41.

[83]孙文凯,李晓迪,王乙杰. 身份认同对流动人口家庭在流入地消费的影响[J]. 南方经济,2019(11):131—144.

[84]孙文凯,王乙杰. 父母外出务工对留守儿童健康的影响——基于微观面板数据的再考察[J]. 经济学(季刊),2016(3):963—988.

[85]孙文凯,赵忠,单爽等. 中国劳动力市场化指数构建与检验[J]. 经济学(季刊),2020(4):1515—1536.

[86]孙文凯. 中国的户籍制度现状、改革阻力与对策[J]. 劳动经济研究,2017

(3):50—63.

[87]谭深. 中国农村留守儿童研究述评[J]. 中国社会科学,2011(1):138—150.

[88]汤铎铎,刘学良,倪红福等. 全球经济大变局、中国潜在增长率与后疫情时期高质量发展[J]. 经济研究,2020(8):4—23.

[89]陶然,孔德华,曹广忠. 流动还是留守:中国农村流动人口子女就学地选择与影响因素考察[J]. 中国农村经济,2011(6):37—44.

[90]汪德华,邹杰,毛中根. "扶教育之贫"的增智和增收效应——对20世纪90年代"国家贫困地区义务教育工程"的评估[J]. 经济研究,2019(9):155—171.

[91]汪润泉,赵彤. 就业类型、职工养老保险与农民工城市消费[J]. 农业技术经济,2018(2):77—88.

[92]王春超,林俊杰. 父母陪伴与儿童的人力资本发展[J]. 教育研究,2021(1):104—128.

[93]王春超,肖艾平. 班级内社会网络与学习成绩——一个随机排座的实验研究[J]. 经济学(季刊),2019(3):1123—1152.

[94]王进鑫. 青春期留守儿童性安全问题调查研究[J]. 青年研究,2008(9):7—14.

[95]王静曦,周磊. 贫困补助能提高义务教育学生的人力资本吗?[J]. 中国软科学,2020(7):65—76.

[96]王军,詹韵秋. 子女数量与家庭消费行为:影响效应及作用机制[J]. 财贸研究,2021(1):1—13.

[97]王丽莉,乔雪. 放松计划生育、延迟退休与中国劳动力供给[J]. 世界经济,2018(10):150—169.

[98]王丽莉,吴京燕. 迁移政策对农村人力资本投资的影响——来自中国户籍改革的证据[J]. 劳动经济研究,2022(5):3—22.

[99]王美艳. 中国城市劳动力市场上的性别工资差异[J]. 经济研究,2005(12):35—44.

[100]王茹,胡竞尹,徐舒等. 随迁还是留守:异地入学门槛对农村流动人口子女的影响[J]. 经济学(季刊),2023(6):2156—2173.

[101]王亚菲,王瑞,徐丽笑. 国内大循环背景下流动人口消费潜力的经济效应测度[J]. 中国人口科学,2022(4):74—87,127—128.

[102]王一鸣.百年大变局、高质量发展与构建新发展格局[J].管理世界,2020(12):1—13.

[103]王伊雯,叶晓梅.近朱者赤,近墨者黑?同伴对青少年非认知能力的影响——基于CEPS数据的实证分析[J].教育与经济,2021(6):62—70.

[104]王毅杰,黄是知.异地中考政策、父母教育参与和随迁子女教育期望[J].社会科学,2019(7):67—80.

[105]王子成,赵忠.农民工迁移模式的动态选择:外出、回流还是再迁移[J].管理世界,2013(1):78—88.

[106]蔚金霞,高文书.异地中考政策、教育扩展与本地学生的教育获得[J].教育经济评论,2023(4):25—43.

[107]魏东霞,谌新民.落户门槛、技能偏向与儿童留守——基于2014年全国流动人口监测数据的实证研究[J].经济学(季刊),2018(2):549—578.

[108]魏东霞,陆铭.早进城的回报:农村移民的城市经历和就业表现[J].经济研究,2021(12):168—186.

[109]吴莞生,吴贾,周芷涵.教师支持行为与儿童非认知能力发展[J].财经研究,2023(1):94—108,168.

[110]吴贾,林嘉达,韩潇.父母耐心程度、教育方式与子女人力资本积累[J].经济学动态,2020(8):37—53.

[111]吴贾,张俊森.随迁子入学限制、儿童留守与城市劳动力供给[J].经济研究,2020(11):138—155.

[112]吴开亚,张力,陈筱.户籍改革进程的障碍:基于城市落户门槛的分析[J].中国人口科学,2010(1):66—74,112.

[113]吴霓,王学男.党的十八大以来教育扶贫政策的发展特征[J].教育研究,2017(9):4—11.

[114]吴霓,朱富言.流动人口随迁子女在流入地升学考试政策分析[J].教育研究,2014(4):43—52.

[115]吴霓.进城务工人员随迁子女在流入地参加中高考的现实困境及政策取向[J].清华大学教育研究,2012(2):107—112.

[116]吴霓.农村留守儿童问题调研报告[J].教育研究,2004(10):15—18,53.

[117]吴霓.农民工随迁子女异地中考政策研究[J].教育研究,2011(11):

3—12.

[118]吴霓. 随迁子女在流入地升学考试的政策与实践研究——基于10城市的调研[M]. 南宁:广西教育出版社,2018.

[119]吴要武,赵泉. 高校扩招与大学毕业生就业[J]. 经济研究,2010(9):93—108.

[120]吴愈晓,黄超. 基础教育中的学校阶层分割与学生教育期望[J]. 中国社会科学,2016(4):111—134,207—208.

[121]吴愈晓. 中国城乡居民的教育机会不平等及其演变(1978—2008)[J]. 中国社会科学,2013(3):4—21,203.

[122]夏怡然,陆铭. 城市间的"孟母三迁"——公共服务影响劳动力流向的经验研究[J]. 管理世界,2015(10):78—90.

[123]邢春冰,贾淑艳,李实. 教育回报率的地区差异及其对劳动力流动的影响[J]. 经济研究,2013(11):114—126.

[124]熊春文,陈辉. 人口变迁与教育变革——基于第七次全国人口普查公报的社会学思考[J]. 教育研究,2021(11):27—35.

[125]熊易寒. 城市规模的政治学:为什么特大城市的外来人口控制政策难以奏效[J]. 华中师范大学学报(人文社会科学版),2017(6):11—21.

[126]徐晓新,张秀兰. 将家庭视角纳入公共政策——基于流动儿童义务教育政策演进的分析[J]. 中国社会科学,2016(6):151—169,207.

[127]许传新,张登国. 流动还是留守:家长的选择及其影响因素[J]. 中国青年研究,2010(10):52—55,51.

[128]杨春江,李雯,逯野. 农民工收入与工作时间对生活满意度的影响——城市融入与社会安全感的作用[J]. 农业技术经济,2014(2):36—46.

[129]杨翠迎,汪润泉. 城市社会保障对城乡户籍流动人口消费的影响[J]. 上海经济研究,2016(12):97—104.

[130]杨东平,秦红宇,魏佳羽. 流动儿童蓝皮书:中国流动儿童教育发展报告(2016)[M]. 北京:社会科学文献出版社,2017.

[131]杨娟,宁静馨. 以教控人是否有效?——基于北京、上海两地抬高随迁子女入学门槛政策的比较分析[J]. 教育与经济,2019(1):65—74.

[132]杨娟,赵心慧. 父母养育投入与子女人力资本的动态形成——基于CES生

产函数的新发现[J].教育研究,2023(7):111-124.

[133]杨汝岱,陈斌开.高等教育改革、预防性储蓄与居民消费行为[J].经济研究,2009(8):113-124.

[134]杨晓军.中国户籍制度改革对大城市人口迁入的影响——基于2000—2014年城市面板数据的实证分析[J].人口研究,2017(1):98-112.

[135]杨洲,黄斌."近朱者赤":良好的同伴会产生正向影响吗?[J].教育经济评论,2020(3):108-125.

[136]姚先国,宋文娟,钱雪亚,等.居住证制度与城乡劳动力市场整合[J].经济学动态,2015(12):4-11.

[137]姚远,张顺.持久的"心灵烙印":留守时间如何影响青年早期的主观福祉[J].青年研究,2018(3):23-33,94-95.

[138]叶菁菁,刘佩忠.入学年龄对人力资本的长期影响——教育政策变迁带来的组群差异[J].产业经济评论,2021(4):123-138.

[139]叶敬忠,王伊欢,张克云等.对留守儿童问题的研究综述[J].农业经济问题,2005(10):75-80,82.

[140]叶庆娜.农民工随迁子女高中教育:现状、政策及障碍[J].中国青年研究,2011(9):72-78.

[141]易行健,周利.数字普惠金融发展是否显著影响了居民消费——来自中国家庭的微观证据[J].金融研究,2018(11):47-67.

[142]尹志超,宋全云,吴雨.金融知识、投资经验与家庭资产选择[J].经济研究,2014(4):62-75.

[143]袁辉,杜孟阳,陈烁琦.此心安处是吾乡:商业健康保险与流动人口消费[J].中国经济问题,2023(4):39-53.

[144]张宝歌.回迁儿童:进城务工农民子女教育面临的新问题——以生命关怀为基点改善回迁儿童学习适应状况[J].教育研究,2012(2):74-78.

[145]张炳江.层次分析法及其应用案例[M].北京:电子工业出版社,2014.

[146]张车伟,高文书,程杰.人口与劳动绿皮书:中国人口与劳动问题报告No.20[M].北京:社会科学文献出版社,2019.

[147]张海峰,张家滋,姚先国.我国住房成本的空间演化与劳动力流动决策影响[J].经济地理,2019(7):31-38.

[148]张吉鹏,黄金,王军辉,等.城市落户门槛与劳动力回流[J].经济研究,2020(7):175—190.

[149]张吉鹏,卢冲.户籍制度改革与城市落户门槛的量化分析[J].经济学(季刊),2019(4):1509—1530.

[150]张莉,何晶,马润泓.房价如何影响劳动力流动?[J].经济研究,2017(8):155—170.

[151]张珊珊.随迁子女异地中考问题探寻[J].中国教育学刊,2015(9):12—15,20.

[152]张雪,张磊.课外教育支出与学生的教育成果——基于CFPS微观数据的实证研究[J].经济科学,2017(4):94—108.

[153]张勋,刘晓,樊纲.农业劳动力转移与家户储蓄率上升[J].经济研究,2014(4):130—142.

[154]张熠,汪伟,刘玉飞.延迟退休年龄、就业率与劳动力流动:岗位占用还是创造?[J].经济学(季刊),2017(3):897—920.

[155]张翼.农民工"进城落户"意愿与中国近期城镇化道路的选择[J].中国人口科学,2011(2):14—26,111.

[156]张银锋.异地中、高考政策的区域对比分析[J].中国矿业大学学报(社会科学版),2018(3):40—59.

[157]张兆曙,陈奇.高校扩招与高等教育机会的性别平等化——基于中国综合社会调查(CGSS 2008)数据的实证分析[J].社会学研究,2013(2):173—196,245.

[158]郑力.班级规模会影响学生的非认知能力吗?——一个基于CEPS的实证研究[J].教育与经济,2020(1):87—96.

[159]周金燕.人力资本内涵的扩展:非认知能力的经济价值和投资[J].北京大学教育评论,2015(1):78—95,189—190.

[160]周明海,金樟峰.长期居住意愿对流动人口消费行为的影响[J].中国人口科学,2017(5):110—119,128.

[161]周天勇.托达罗模型的缺陷及其相反的政策含义——中国剩余劳动力转移和就业容量扩张的思路[J].经济研究,2001(3):75—82.

[162]周颖刚,蒙莉娜,卢琪.高房价挤出了谁?——基于中国流动人口的微观视角[J].经济研究,2019(9):106—122.

[163]朱琳,冯思澈,马啸. 流动人口随迁子女入学政策友好程度研究——基于16个城市政策文本的分析[A]. 韩嘉玲. 流动儿童蓝皮书:中国流动儿童教育发展报告(2019—2020)[C]. 北京:社会科学文献出版社,2020.

[164]邹月晴,陈媛媛,宋扬. 家乡数字经济发展与劳动力回流——基于互联网平台发展的视角[J]. 经济学报,2023(1):310-343.

[165]邹月晴,陈媛媛,宋扬. 流动人口家庭在流入城市消费不足的制度性约束——基于城区人口100万以上城市随迁子女升学政策的实证分析[J]. 财经研究,2023(12):106-120.

[166]Aina,Carmen and Daniela Sonedda,Investment in Education and Household Consumption[C]. CRENoS Working Paper,2018,No. 201806.

[167]Amato,Paul R and Joan G. Gilbreth,Nonresident Fathers and Children's Well-Being:A Meta-Analysis[J]. Journal of Marriage and the Family,1999(3):557-573.

[168]Black,Sandra E,et al. ,Why the Apple Doesn't Fall Far:Understanding Intergenerational Transmission of Human Capital[J]. American Economic Review,200(3):437-449.

[169]Blandin,Adam and Christopher Herrington,Family Heterogeneity, Human Capital Investment, and College Attainment[J]. American Economic Journal:Macroeconomics,2022(4):438-478.

[170]Blau, David M,The Effect of Income on Child Development[J]. Review of Economics and Statistics,1999(2):261-276.

[171]Boar,Corina,Dynastic Precautionary Savings[J]. The Review of Economic Studies,2021(6):2735-2765.

[172]Bogue,Donald J,Internal Migration//Hauser Philip M,Duncan Otis Dudley,Study of Population:an Inventory and Appraisal[M]. Chicago:University of Chicago Press,1959.

[173]Borghans, Lex,The Economics and Psychology of Personality Traits[J]. Journal of Human Resources,2008(4):972-1059.

[174]Bosker,Maarten,et al. ,Relaxing Hukou:Increased Labor Mobility and China's Economic Geography[J]. Journal of Urban Economics,2012(2-3):

252—266.

[175]Cai,Fang,et al. ,How Well Do Children Insure Parents against Low Retirement Income? an Analysis Using Survey Data from Urban China[J]. Journal of Public Economics,2006(12):2229—2255.

[176]Carroll,Christopher D,et al. ,Does Cultural Origin Affect Saving Behavior? Evidence from Immigrants[J]. Economic Development and Cultural Change,1999(1):33—50.

[177]Chakrabarti,Suman,et al. ,Intergenerational Nutrition Benefits of India's National School Feeding Program[J]. Nature Communications,2021(1):4248.

[178]Chan,Kam Wing and Will Buckingham,Is China Abolishing the Hukou System? [J]. The China Quarterly,2008(3):582—606.

[179]Chan,Kam Wing and Yuan Ren,Children of Migrants in China in the Twenty-First Century: Trends, Living Arrangements, Age-gender Structure, and Geography[J]. Eurasian Geography and Economics,2018(2):133—163.

[180]Chen,Binkai,et al. ,How Urban Segregation Distorts Chinese Migrants' Consumption? [J]. World Development,2015:133—146.

[181]Chen,Yuanyuan,et al. ,The Effect of Primary School Type on the High School Opportunities of Migrant Children in China[J]. Journal of Comparative Economics,2020(2):325—338.

[182]Chen,Yuanyuan and Shuaizhang Feng,The Education of Migrant Children in China's Urban Public Elementary Schools:Evidence from Shanghai[J]. China Economic Review,2019(2):390—402.

[183]Cheng,Zhiming,Education and Consumption: Evidence from Migrants in Chinese Cities[J]. Journal of Business Research,2021(6):206—215.

[184]Clark,Damon and Emilia Del Bono,The Long-Run Effects of Attending an Elite School: Evidence from the United Kingdom[J]. American Economic Journal: Applied Economics,2016(1)150—176.

[185]Colas,Mark and Suqin Ge,Transformations in China's Internal Labor Migration and Hukou System[J]. Journal of Labor Research,2019(3):296—331.

[186]Criscuolo,Chiara,et al. ,Some Causal Effects of an Industrial Policy[J]. A-

merican Economic Review,2019(1):48—85.

[187]Cunha,Flavio,et al. ,Estimating the Technology of Cognitive and Noncognitive Skill Formation[J]. Econometrica,(3):883—931.

[188]Curto,Vilsa E and Roland G Fryer Jr,The Potential of Urban Boarding Schools for the Poor: Evidence from Seed[J]. Journal of Labor Economics,2014(1): 65—93.

[189]De Luca,Giacomo,et al. ,Does Higher Institutional Quality Improve the Appropriateness of Healthcare Provision? [J]. Journal of Public Economics,2021(2): 104356.

[190]Del Boca,Daniela,et al. ,Household Choices and Child Development[J]. Review of Economic Studies,2014(1):137—185.

[191]Desmet,Klaus,et al. ,The Geography of Development[J]. Journal of Political Economy,2018(3):903—983.

[192]Di Tella,Rafael,et al. ,Preferences over Inflation and Unemployment: Evidence from Surveys of Happiness [J]. American Economic Review,2001(1): 335—341.

[193]Diamond,Rebecca,The Determinants and Welfare Implications of US Workers' Diverging Location Choices by Skill:1980—2000[J]. American Economic Review,2016(3):479—524.

[194]Duflo,Esther,et al. ,Peer Effects, Teacher Incentives, and the Impact of Tracking: Evidence from a Randomized Evaluation in Kenya[J]. American Economic Review,2011(5):1739—1774.

[195]Duranton,Gilles and Matthew A Turner,The Fundamental Law of Road Congestion: Evidence from US Cities[J]. American Economic Review,2011(6): 2616—2652.

[196]Dustmann,Christian and Joseph-Simon Görlach,The Economics of Temporary Migrations[J]. Journal of Economic Literature,2016(1):98—136.

[197]Fan,Jingting,Internal Geography, Labor Mobility, and the Distributional Impacts of Trade [J]. American Economic Journal: Macroeconomics, 2019(3): 252—288.

[198]Frisvold,David E,Nutrition and Cognitive Achievement: An Evaluation of the School Breakfast Program[J]. Journal of Public Economics,2015(4):91—104.

[199]Galor,Oded and Oded Stark,Migrants' Savings, the Probability of Return Migration and Migrants' Performance[J]. International Economic Review,1990:463—467.

[200]Gaudinier,Allison,et al. ,Transcriptional Regulation of Nitrogen-Associated Metabolism and Growth[J]. Nature,2018(7730):259—264.

[201]Giani, Laura, Migration and Education: Child Migrants in Bangladesh [WP]. Sussex Migration Working Paper No. 33, 2006.

[202]Gong,Jie,et al. ,The Effect of Teacher Gender on Students' Academic and Noncognitive Outcomes[J]. Journal of Labor Economics,2018(3):743—778.

[203]Gundersen,Craig,et al. ,The Impact of the National School Lunch Program on Child Health: A Nonparametric Bounds Analysis[J]. Journal of Econometrics,2012(1):79—91.

[204]Heckman,James J and Yona Rubinstein,The Importance of Noncognitive Skills: Lessons from the Ged Testing Program[J]. American Economic Review,2001(2):145—149.

[205]Heckman,James J,et al. ,The Effects of Cognitive and Noncognitive Abilities on Labor Market Outcomes and Social Behavior[J]. Journal of Labor Economics,2006(3):411—482.

[206]Heckman,James J,Skill Formation and the Economics of Investing in Disadvantaged Children[J]. Science,2006(5782):1900—1902.

[207]Huang,Zibin and Junsen Zhang,Peer Effects, Parental Migration and Children's Human Capital: A Spatial Equilibrium Analysis in China[C]. SSRN Working Papers,2020.

[208]Jorgenson,Dale W,The Development of a Dual Economy[J]. The Economic Journal,1961(282):309—334.

[209]Kalmijn,Matthijs,Mother's Occupational Status and Children's Schooling [J]. American Sociological Review,1994(2):257—275.

[210]Kennan,John and James R Walker,The Effect of Expected Income on Indi-

vidual Migration Decisions[J]. Econometrica,2011(1):211—251.

[211]Kim,Jai-Ok,et al. ,Cross-Cultural Consumer Values, Needs and Purchase Behavior[J]. Journal of Consumer Marketing,2002(6):481—502.

[212]Koo, Anita, et al. , The Doubly Disadvantaged: How Return Migrant Students Fail to Access and Deploy Capitals for Academic Success in Rural Schools [J]. Sociology,2014(4):795—811.

[213]Lazear, Edward, Education: Consumption or Production? [J]. Journal of Political Economy,1977(3):569—597.

[214]Lee,Everett S,A Theory of Migration[J]. Demography,1966(3):47—57.

[215]Lewis,William Arthur,Economic Development with Unlimited Supplies of Labour[J]. The Manchester School of Economic and Social Studies, 1954 (2): 139—191.

[216]Li,Xueying and Lei Zhang,Educational Opportunity and Children's Migration: Evidence from China's Gaokao Reform for Children of Migrant Families[J]. Journal of Comparative Economics,2023(4):1162—1185.

[217]Ling,Minhua,Returning to No Home: Educational Remigration and Displacement in Rural China[J]. Anthropological Quarterly,2017(3):715—742.

[218]Lleras,Christy,Do Skills and Behaviors in High School Matter? the Contribution of Noncognitive Factors in Explaining Differences in Educational Attainment and Earnings[J]. Social Science Research,2008(3):888—902.

[219]Lu,Fangwen and Michael L Anderson,Peer Effects in Microenvironments: The Benefits of Homogeneous Classroom Groups[J]. Journal of Labor Economics, 2015(1):91—122.

[220]Lundborg,Petter,et al. ,Long-Term Effects of Childhood Nutrition: Evidence from a School Lunch Reform[J]. The Review of Economic Studies,2022(2): 876—908.

[221]Marois, Guillaume, et al. , China's Low Fertility May Not Hinder Future Prosperity[J]. Proceedings of the National Academy of Sciences, 2021 (40): e2108900118.

[222]Meng,Xin and Chikako Yamauchi,Children of Migrants: The Cumulative

Impact of Parental Migration on Children's Education and Health Outcomes in China [J]. Demography,2017(40):1677—1714.

[223]Meng Xin,Labour market reform in China[M]. Cambridge:Cambridge University Press,2000.

[224]Meyerhoefer,Chad D and C J Chen,The Effect of Parental Labor Migration on Children's Educational Progress in Rural China[J]. Review of Economics of the Household,2011(9):379—396.

[225]Ngai,L Rachel,et al. ,China's Mobility Barriers and Employment Allocations[J]. Journal of the European Economic Association,2019(5):1617—1653.

[226]Oster,Emily,Unobservable Selection and Coefficient Stability: Theory and Evidence[J]. Journal of Business & Economic Statistics,2019(2):187—204.

[227]Pischke,Jörn-Steffen and Till Von Wachter,Zero Returns to Compulsory Schooling in Germany:Evidence and Interpretation[J]. The Review of Economics and Statistics,2008(3):592—598.

[228]Pischke,Jörn-Steffen,The Impact of Length of the School Year on Student Performance and Earnings:Evidence from the German Short School Years[J]. The Economic Journal,2007(523):1216—1242.

[229]Poeze,Miranda,et al. ,Navigating Transnational Childcare Relationships: Migrant Parents and Their Children's Caregivers in the Origin Country[J]. Global Networks,2017(1):111—129.

[230]Rosenbaum,James E,Beyond College for All: Career Paths for the Forgotten Half[M]. New York:Russell Sage Foundation,2001.

[231]Saaty,Thomas L,A Scaling Method for Priorities in Hierarchical Structures [J]. Journal of Mathematical Psychology,1977(3):234—281.

[232]Sandefur,Gary D,et al. ,Family Resources, Social Capital, and College Attendance[J]. Social Science Research,2006(2):525—553.

[233]Sieg,Holger,et al. ,The Impact of Local Fiscal and Migration Policies on Human Capital Accumulation and Inequality in China[J]. International Economic Review,2023(1):57—93.

[234]Simon,Herbert A,A Behavioral Model of Rational Choice[J]. The Quarter-

ly Journal of Economics,1955(4):99—118.

[235]Sjaastad, Larry A, The Costs and Returns of Human Migration[J]. Journal of Political Economy,1962(5):80—93.

[236]Smetana, Judith G, Adolescents, Families and Social Development: How Teens Construct Their Worlds[M]. Hoboken:Wiley-Blackwell,2011.

[237]Smith Adam,An Inquiry into the Nature and Causes of the Wealth of Nations[M]. London:W. Strahan,1776.

[238]Song Yingquan, et al. ,Does Going to Public Schools Matter for Migrant Children's Academic Achievement in China[D]. Manuscript. China Institute for Educational Finance Research,Peking University,2010.

[239]Song, Yang, What Should Economists Know about the Current Chinese Hukou System? [J]. China Economic Review,2014(2):200—212.

[240]Stuart,Bryan A,The Long-Run Effects of Recessions on Education and Income[J]. American Economic Journal:Applied Economics,2022(1):42—74.

[241]Sylvia, Sean, et al, From Quantity to Quality:Delivering a HomE-based Parenting Intervention through China's Family Planning Cadres[J]. The Economic Journal,2021(635):1365—1400.

[242]Todaro,Michael P,A Model of Labor Migration and Urban Unemployment in Less Developed Countries [J]. The American Economic Review, 1969 (1): 138—148.

[243]Tombe,Trevor and Xiaodong Zhu,Trade, Migration, and Productivity:A Quantitative Analysis of China[J]. American Economic Review, 2019(5):1843—1872.

[244]Trope,Yaacov and Nira Liberman,Construal-Level Theory of Psychological Distance[J]. Psychological Review,2010(2):440.

[245]Wang,Chunchao, et al. ,Family Migration in China:Do Migrant Children Affect Parental Settlement Intention? [J]. Journal of Comparative Economics, 2019 (2):416—428.

[246]Wei, Shang-Jin and Xiaobo Zhang, The Competitive Saving Motive:Evidence from Rising Sex Ratios and Savings Rates in China[J]. Journal of Political Econ-

omy,2011(3):511—564.

[247]Wu,Jia,et al.,Elite Schools, Magnet Classes, and Academic Performances: Regression-Discontinuity Evidence from China[J]. China Economic Review,2019(3):143—167.

[248]Yang,Guanyi and Cynthia Bansak,Does Wealth Matter? An Assessment of China's Rural-Urban Migration on the Education of Left-Behind Children[J]. China Economic Review,2020(1):101365.

[249]You,Heyuan,et al.,Social Deprivation and Rural Public Health in China: Exploring the Relationship Using Spatial Regression[J]. Social Indicators Research,2020(3):843—864.

[250]Yu,Yue,Land-Use Regulation and Economic Development: Evidence from the Farmland Red Line Policy in China[D]. Job Market Paper,2019.

[251]Zhang,Hongliang,et al.,Does Parental Absence Reduce Cognitive Achievements? Evidence from Rural China[J]. Journal of Development Economics,2014(6):181—195.

[252]Zhang,Yuanting and Franklin W Goza,Who Will Care for the Elderly in China?: A Review of the Problems Caused by China's One-child Policy and Their Potential Solutions[J]. Journal of Aging Studies,2006(2):151—164.

[253]Zhao,Qiran,et al.,The Impact of Parental Migration on Children's School Performance in Rural China[J]. China Economic Review,2014(4):43—54.

[254]Zhao,Yaohui,The Role of Migrant Networks in Labor Migration: The Case of China[J]. Contemporary Economic Policy,2003(4):500—511.

[255]Zheng,Xiaodong,et al.,When Left-Behind Children Become Adults and Parents: The Long-Term Human Capital Consequences of Parental Absence in China[J]. China Economic Review,2022(4):101821.